Egoismus

Erik Flügge

Egoismus

Wie wir dem Zwang entkommen, anderen zu schaden

DIETZ

Erik Flügge

geb. 1986, politischer Stratege, Dozent und Experte für Beteiligungsprozesse. Er ist Geschäftsführer der Squirrel & Nuts Gesellschaft für strategische Beratung. Seine Bücher »Der Jargon der Betroffenheit« und »Eine Kirche für viele statt heiligem Rest« wurden zu Spiegel-Bestsellern. Autor der ZEIT-Serie »Jacobs' Werk und Flügges Beitrag«. Erik Flügge lebt in Köln.

Bibliografische Information der Deutschen Nationalbibliothek

Die Deutsche Nationalbibliothek verzeichnet
diese Publikation in der Deutschen Nationalbibliografie;
detaillierte bibliografische Daten sind im Internet
unter *http://dnb.dnb.de* abrufbar.

ISBN 978-3-8012-0577-5

Verlag J. H. W. Dietz Nachf. GmbH
Dreizehnmorgenweg 24, 53175 Bonn

Umschlaggestaltung: Squirrel & Nuts, Köln

Satz:
Kempken DTP-Service | Satztechnik • Druckvorstufe • Mediengestaltung,
Marburg

Druck und Verarbeitung: CPI books, Leck

Printed in Germany 2020

Besuchen Sie uns im Internet: *www.dietz-verlag.de*

Inhaltsverzeichnis

Egoismus

Machen Egoisten Sie wütend? – Diese Rücksichtslosigkeit der anderen, die wir alle ständig ertragen müssen.

Autos, die direkt vor ihrer Garageneinfahrt parken oder einen Fahrradweg blockieren.

Menschen, die kerngesund sind und sich weigern, sich impfen zu lassen.

Väter, die keinen Unterhalt bezahlen, aber die Mammutaufgabe der Kindererziehung den Müttern überlassen.

Leute, die ihren Müll einfach in die Hecke werfen oder ihren alten Kühlschrank im Wald entsorgen.

Diese Junggesellinnen- und Junggesellenabschiede, die in die Stadt einfallen und sich exzessiv danebenbenehmen. Sie heiraten ja nur einmal im Leben.

Die Leute, die nur für sich selbst einen riesigen Flachbildschirm bestellen und den zugehörigen Pappkarton nicht zusammenfalten, bevor sie die Papiermülltonnen vollstopfen.

Konzertbesucherinnen und Konzertbesucher, die kurz vor Beginn erst kommen und sich vor alle anderen drängeln. Dann halten sie gänzlich ungeniert ihr albernes Smartphone weit über ihren Kopf, um mitten in meinem Blickfeld ein Video zu drehen, das kein Mensch jemals mehr anschauen wird.

Eltern, die ihre Kinder krank in die Kita bringen. Die gleichen Eltern, die auf dem Elternabend selbstverständlich und rücksichtslos jedes Fehlverhalten ihres Sprösslings verteidigen.

Diese Selbstbezogenen, die in übervollen Zügen demonstrativ ihren Rucksack auf einen Sitz stellen. Die Leute, die auch nach der hundertsten Nutzung von öffentlichen Verkehrsmitteln noch nicht verstanden haben, dass es für alle leichter wird, wenn man erst aussteigen lässt, bevor man in den Wagen einsteigt.

Diese pubertären Typen, die breitbeinig allen anderen den Freiraum nehmen und diese pubertären Mädchen, die ihre gänzlich uninteressanten Sprachnachrichten in voller Lautstärke abhören.

Der Kriegszustand, der ausbricht, wenn im Supermarkt überraschend Kasse drei geöffnet wird.

All diese Fälle machen uns zu Recht sauer. Sind sie doch Ausweis einer rücksichtslosen Ich-Bezogenheit, gegen die scheinbar kein anderes Mittel hilft als klare, strafbewehrte Regeln und deutliche Kritik. Man muss doch diesen Leuten ins Gesicht sagen, dass Sie sich danebenbenehmen. Die Mehrheit darf es nicht stoisch ertragen, wenn diese Leute nur an sich selbst denken. Ist es nicht ein Zeichen von Zivilcourage, diesen Leuten »Stopp!« zu sagen? Aber nicht nur die Zivilgesellschaft ist hier in der Pflicht. Falsch geparkte Autos gehören doch abgeschleppt, Leute, die ihren Kühlschrank in den Wald werfen, ermittelt und bestraft. Wer so rücksichtslos gegenüber allen anderen handelt, muss wissen, dass die Gemeinschaft Konsequenzen zieht. Aber glauben Sie noch daran, dass das funktioniert? Es ist keine Verbesserung in Sicht. Regeln werden missachtet und Appelle scheitern, wenn es um den Egoismus geht.

Denn ganz so einfach ist es nicht um den Egoismus bestellt. Er geht tiefer, als wir uns im Alltag eingestehen wollen. Selten ist zweifelsfrei klar, wer hier nur an sich denkt und wer nicht. Die meisten Situationen, in denen wir dem Egoismus im Alltag begegnen können, sind komplizierter und deshalb ist auch die Lösung für all die so eindeutigen Fälle von anderen schadendem Egoismus komplexer als es auf den ersten Blick erscheint.

Nehmen wir ein ganz alltägliches Beispiel für viele Menschen in den großen Metropolen. Man sucht eine neue Wohnung und geht zu einer Besichtigung. Bei diesem Ereignis ist man nicht allein. Es kommen noch viele Dutzend andere. Schließlich ist Wohnraum in der Stadt knapp und viele Menschen sind auf der Suche. Es herrscht Konkurrenz untereinander. Es gibt zu viele Interessentinnen und Interessenten, und nur eine Wohnung ist zu vergeben.

Weil es höchst unüblich ist, dass man einfach eine höhere Miete anbietet, um den Zuschlag zu bekommen, werben alle mit möglichst vielen Argumenten für sich. Man zieht sich einen Anzug an, man erwähnt, dass man vorhat, lange in der Wohnung zu bleiben, betont, wie sicher der eigene Job ist und wie gut das Gehalt. All das ist ein Werben mit dem Ziel, selbst die Wohnung zu bekommen, und man nimmt dabei in Kauf, dass alle anderen leer ausgehen.

Verwerflich ist an dieser Konkurrenz nichts. Nur hat sie einen faden Beigeschmack, wenn man als Doppelverdiener ohne Kinder mit zwei Gehältern wirbt und daneben die alleinerziehende Mutter mit drei Kindern steht. Man weiß, dass man selbst gerade bessere Chancen hat, weil auch der

Vermieter ein Interesse hat, dass seine Wohnung von möglichst zahlungskräftigen Personen bewohnt wird.

Sollte man in dem Moment einen Rückzieher machen? Der Mutter die Wohnung überlassen, weil man selbst an anderer Stelle ja wiederum eine bessere Chance auf eine andere Wohnung hat?

Sollte es Verbote für Doppelverdiener geben, mit ihren Gehältern zu werben? Können Moralappelle an sie etwas bewirken?

Die realistische Antwort auf diese Frage lautet Nein. Denn bei jeder Wohnungsbesichtigung wird irgendjemand sein, der oder die dringender diese Wohnung braucht als man selbst. Aber wie oft kann man selbst zurückstecken, bis man einen moralisch guten Punkt erreicht? Dreimal verzichten und dann beim vierten Mal zuschlagen? Wird dadurch mein Egoismus entschuldbar? Nein, es bleibt, wie es ist. Ich muss für meinen eigenen Vorteil in Kauf nehmen, mich vor andere zu drängen. So ist die Welt beschaffen, in der wir leben. Wer selbst etwas erreichen will, muss anderen schaden.

Man kann sich mit diesem Zustand abfinden in der Hoffnung, stets zu den Gewinnerinnen und Gewinnern zu zählen. Aber selbst dann, wenn man die Wohnung nach der Besichtigung bekommt, ist die Freude getrübt – das traurige Gesicht der Konkurrentin bleibt uns dennoch eine ganze Weile präsent. Wir wissen intuitiv, dass hier etwas nicht richtig ist. Irgendetwas stimmt nicht in unserer Gesellschaft, so wie sie funktioniert.

Warum müssen wir einander schaden, wenn wir nach unserem eigenen Vorteil streben? Ist es nicht denkbar, dass es anders geht. Dass die Vorteilssuche des Einzelnen zum Vorteil aller anderen wird?

Lassen Sie uns den Versuch unternehmen zu verstehen, was der Egoismus ist und wie er wirkt. Was er aus uns macht und wie man ihn so lenken kann, dass aus dem Ich, das seinen Vorteil sucht, der Vorteil aller wird.

Egoismus und Zusammenhalt

Fällt es Ihnen auch auf, wie erschreckend oft sich mittlerweile Menschen im öffentlichen Raum gegenseitig für ihren Egoismus beschimpfen? Lauthals und mit einem Grad an Aggression, der mich zurückschrecken lässt. Radfahrer gegen Autofahrer. Lärmende gegen Schlafende. Nachbarinnen gegen Nachbarn. Hundebesitzende und Joggende.

Allein sind Sie mit dieser Beobachtung nicht. Das Institut für Demoskopie Allensbach ermittelte in einer bundesweiten Umfrage, dass 81 Prozent aller Deutschen das Gefühl haben, die Aggression nehme immer mehr zu und 73 Prozent von ihnen sich sicher sind, dass auch der Egoismus immer mehr wird. Nicht das einzige Umfrageergebnis, das in diese Richtung weist. 90,7 Prozent der Deutschen stimmen der Aussage zu, »in unserer Gesellschaft zählt Egoismus mehr als Zusammenhalt«. So steht es in der repräsentativen Vertrauensstudie der Rheinischen Friedrich-Wilhelms-Universität Bonn und der Friedrich-Ebert-Stiftung. Selten kommt bei einer Frage über die Gesellschaft ein so eindeutiger Wert heraus. Auch in dieser Studie ist es der mit weitem Abstand höchste Ausschlag.

Der Wert von über 90 Prozent zeigt dabei dreierlei. Erstens, dass fast jeder in unserer Gesellschaft das Empfinden hat, der Egoismus habe sich über den Zusammenhalt erhoben. Ein solches Ergebnis kommt nicht heraus, wenn der Frage nicht schon eine gewisse Wertigkeit innewohnt. Nur scheinbar ist bei dieser Frage klar, was die bessere Antwort ist. Der gute Mensch empört sich über den Egoismus, und dass er so viel zählt. Es ist richtig, eine Frontlinie zu ziehen zwischen sich und dem Egoismus. Der Egoismus ist das Gegenbild zu unserem eigenen Selbstbild. Wie anders könnten fast alle, die sonst nie der gleichen Meinung sind, ausgerechnet hier die identische Wahrnehmung haben?

Sie können es ja an sich selbst testen. Denken Sie einmal darüber nach, in welchen Situationen Sie Egoisten wütend machen. Ich verspreche Ihnen, es fallen Ihnen sofort sehr viele Beispiele ein, und Sie bekommen schlechte Laune. Die Wahrnehmung, dass der Egoismus mittlerweile mehr zählt als der Zusammenhalt, ist also plausibel. Sie ist gestützt durch unser ganz alltägliches Erleben.

Wenn 90,7 Prozent der Gesellschaft bei dieser Frage aber sofort mit Ja antworten, dann ist das nicht nur, erstens, ein Beleg dafür, dass der Egoismus unseren Alltag prägt, sondern auch zweitens dafür, dass man in unserer Gesellschaft möglichst kein Egoist sein sollte. Warum sollte man sonst einer Aussage zustimmen, die nicht nur sagt, dass es viele Egoisten gibt, sondern dass der Egoismus mehr »zählt« als der Zusammenhalt. Wir grenzen uns ab vom Egoismus ganz intuitiv. Oder können Sie sich vorstellen, dass man antwortet, »ja, der Egoismus zählt mehr in unserer Gesellschaft als der Zusammenhalt, und das ist gut so, denn ich selbst komme mit meinem egoistischem Handeln weiter«. Nein, so antworten wir nicht. Wir wollen es nicht. Wir haben ein Urgefühl, dass da etwas nicht stimmt an einer egoistischen Orientierung.

Drittens, und das ist vielleicht das Spannendste, wenn 90,7 Prozent antworten, der Egoismus zähle mehr als der Zusammenhalt, dann kann der Egoismus nicht nur eine entfernte Randerscheinung unseres Alltags sein. Dann kann sich diese Kritik nicht nur auf ein paar rücksichtslose Falschparkerinnen und Falschparker beziehen, sondern muss vielmehr aus einer Erfahrung kommen, die uns allen ganz nah ist. Der Egoist, den wir erleben, steht direkt neben uns. Und das kann nichts anderes bedeuten, als dass ein großer Teil derjenigen, die sagen, der Egoismus zähle mehr als der Zusammenhalt, in allen anderen den garstigen Charakterzug des Egoisten sieht – und noch wahrscheinlicher auch in sich selbst.

Sind Sie ein Egoist? Ich hoffe doch. Alles andere wäre die blanke Unvernunft.

Jeder Mensch muss auch den eigenen Vorteil suchen. Wir selbst tragen für unser eigenes Wohl am Ende die größte Verantwortung. Wir können diese Verantwortung nicht einfach wegstoßen. Nicht die anderen haben für unser Wohl zu sorgen, es ist zuvorderst unsere eigene Verantwortung.

Machen wir uns nichts vor, wie ungehörig wir den Egoismus auch finden, so ist er doch die prägende Kraft unseres selbstbestimmten Seins. Aus Gedanken, die sich nur um sich selbst drehen, erwächst überhaupt erst unser Ego, unser Ich. In unserer Entwicklung durchlaufen wir alle den Prozess, in dem wir lernen, uns selbst immer wichtiger zu nehmen. Wir befreien uns von der Angst, die uns bedroht.

Schon 1844 beschrieb Max Stirner die Ich-Werdung des Menschen als einen Prozess des mutigen Trotzes in seinem Werk »Der Einzige und sein Eigentum«. Ein trotziger Widerstand gegen körperliche Gewalt und elterliche Autorität, ein trotziger Widerstand gegen Herrschaft und Religion. Ein Widerstreit des Einzelnen gegen allen Druck, der ihn umgibt. Egoismus als Ausdruck der Selbstbefreitheit.

Eine verwunderliche Perspektive, wenn man sie aus heutiger Sicht liest. Der Egoismus als positiv gerahmte Eigenschaft. Eine, die der Weg ist, sich zu befreien von all den starren Herrschaftssystemen um und über einen Menschen.

Doch wir wissen heute, ein rein egoistischer Mensch ist auch nicht frei. Im Menschen steckt beiderlei. Der Drang, sich selbst zu bevorteilen, und der Drang zum Miteinander. Wir sind nicht nur Egoist. Wir sind auch das genaue Gegenteil. Ein Wesen, das erst in der Gruppe glücklich wird. Das Sinn auch dadurch schöpft, dem anderen zu helfen. Deshalb gründen wir Familien und Freundeskreise. Deshalb gehen wir Partnerschaften ein.

Der Mensch ist ein Wesen, das ständig hin- und hergerissen ist zwischen dem Drang danach, sich einen Vorteil zu verschaffen, und dem Drang danach, seinen Platz in der Gruppe dadurch nicht zu verlieren.

Der Gegenpol des Egoismus ist nicht die Selbstlosigkeit, sondern die Furcht davor, die Anerkennung aller anderen zu verlieren. Deshalb kann überhaupt nur eine Gesellschaft entstehen. Weil man den Ich-Drang des Menschen durch die Drohung begrenzen kann, seine soziale Einbettung zu verlieren. Dem Drang des Menschen nach dem Ich wird Einhalt geboten durch den Drang desselben Menschen nach der Anerkennung durch die anderen. So kann die Politik Spielregeln entwickeln, die ausgleichen zwischen dem Ich und dem Wir, auf dass die Gesellschaft ihren Frieden mit diesen Spielregeln mache, ohne gegen sie anzukämpfen. Eine Form der Herrschaft, die beide natürlichen Triebe des Menschen zur Formung einer Ordnung nutzt. Deshalb muss jede von allen als Freiheit empfundene Regel bremsend wirken auf den ungezügelten Egoismus, wie sie auch bremsend wirken muss auf den ungezügelten Gruppenzwang. Nur zwischen diesen beiden Polen gibt es echte Freiheit für jedermann.

Denn so doch der Egoismus für die eigene Freiheit steht, so bedingt er, ungezügelt, eben auch die Unfreiheit eines jeden anderen. Wenn ich mir nehme, was ich will, dann ist es Dir genommen.

Eine Gesellschaft, in der ein Egoist spielregelfrei sich selbst jedweden Vorteil verschaffen kann, wird schnell zu einer Ordnung der Unterdrückung. Denn hat der Egoist erst einmal einen Vorteil erlangt, so kann er diesen immer erneut gegen alle anderen ausspielen. Wer einmal Herrscherin und Herrscher wurde, kann die Regeln zu den eigenen Gunsten ändern. Wo einmal Geld zusammengeballt wurde, da ballt es sich noch mehr. Aus Vermögen werden Investitionen und aus Investitionen Erträge. Diese ermöglichen es, sich Einfluss zu erkaufen und diesen wiederum in eigenes Vermögen zu investieren. So wird aus dem Egoismus der Vergangenheit eine Verschiebung aller Startbedingungen für die Zukunft. Egal, welche Veränderung kommt, diejenigen, die schon besitzen, werden stets mit höherer Wahrscheinlichkeit davon profitieren. Es entsteht ein immer steileres Gefälle, in dem alle, die einen Nachteil erbten, gegenüber denen, die einen Vorteil erbten, immer stärker ankämpfen müssen, um noch gleichauf zu ziehen, bis schließlich das Gefälle so steil geworden ist, dass der Vorsprung nie mehr aufzuholen ist. Eine Gesellschaft, in der sich Ungleichheit zementiert und echte Chancengleichheit niemals etabliert.

Aber mit einer Gesellschaft der absoluten Gleichheit und Gemeinschaft verhält es sich nicht besser. Wo der Zusammenhalt zu sehr beschworen wird, verkommt er zur Normierung. Denn wenn das Individuum nichts zählt, sondern nur in der Masse das Heil gesucht wird, geht der Einzelne unter zugunsten einer Volksgemeinschaft. Menschen haben unterschiedliche Bedürfnisse, und kein Staat und keine Partei können diese allumfassend berücksichtigen. Egal, wie sehr man doch behauptet, die Gemeinschaft wäre offen für alle, so wird der Gedanke vom Zusammenhalt doch immer eine so starke innere Norm entfalten, dass er für den Einzelnen nur dann zur Freiheit führt, wenn man der Norm entspricht und nicht, wenn man von dieser abweicht – eine Gesellschaft, in der Gleichheit zementiert wird und echte individuelle Freiheit stirbt.

Die Thesen dieser Analyse hat die Menschheit aufs Bitterste bereits real erprobt. Sind doch die historischen Experimente totaler Freiheit und totalen Zusammenhalts gesellschaftlich schon längst vollzogen und allesamt auf dramatischste Weise missglückt. Wir alle kennen das Elend unregulierter Willkür und das Elend überregulierter Gemeinschaft.

Die Experimente der fundamental neuen absoluten Ordnungen sind ein Phänomen des 20. Jahrhunderts, und wohin haben sie uns geführt als in die schrecklichsten Zustände? Die eindeutigen Entscheidungen für das Ich oder für das Wir gerieten stets zur Schlächterei.

Dass nun also nur im Zwischenraum zwischen einem freien Ich und einem starken Wir sich die gute Ordnung finden lässt, ist längst bewiesen. Umso mehr sollte uns doch verwundern, wie eindeutig die emotionale Wertigkeit der Worte »Egoismus« und »Zusammenhalt« verteilt ist. Das eine gilt als böse und das andere als gut, und das, obwohl wir ganz genau wissen, dass jeder dieser Begriffe sich in Unfreiheit pervertieren kann.

Das Spannende ist, dass in unserer heutigen Gesellschaft ausgerechnet der Begriff des Egoismus, der der eigenen Selbstbildung, unserer Ich-Werdung zugrunde liegt, so negativ beladen ist. Dabei hat nicht nur das willkürliche Ich, sondern vor allem auch das übermächtig-bedrückende Wir uns die großen Katastrophen des vergangenen Jahrhunderts beschert.

Dennoch verdammen wir den Egoismus und beschwören den Zusammenhalt. Weil eine jede und ein jeder von uns persönlich im Leben erfahren hat, dass das Erstreben unseres eigenen Interesses uns allen nicht ohne die Verletzung des anderen gelang. Deshalb wollen wir alles sein außer ein Egoist, und schreien jeden auf der Straße an, in dem wir die hässliche Fratze des Egoismus erkennen, die selbst gezeigt zu haben wir uns nur allzu gut aus unendlich vielen Situationen erinnern. Wir sind beschämt davon, dass unsere Ich-Werdung nicht ohne die Verletzung eines geliebten anderen vonstattenging.

Auf dieser Scham bauen sich die Vorwürfe auf, die man gegen Egoisten erhebt. Auf dieser Erfahrung basiert der Applaus, den man für ihre Aburteilung erhält.

Nur ein Beispiel: Dieser Moment mitten in der Corona-Epidemie, da die deutsche Bundesregierung beschloss, Unternehmen könnten ihre Mietzahlungen stunden, weil die Läden geschlossen bleiben mussten.

Adidas machte von diesem neu geschaffenen Recht Gebrauch, und eine Welle der Empörung ergoss sich über den Konzern. Ein so erfolgreiches Unternehmen dürfe nicht dieses soeben geschaffene Recht in Anspruch nehmen. Es wäre amoralisch. Der peinliche Höhepunkt dieser Geschichte war dann ein Bundestagsabgeordneter, der öffentlichkeitswirksam zum egoistischen Vorteil der eigenen Popularität ein Adidas-Shirt verbrannte als Symbol seines Protests gegen den Egoismus von Adidas. Dabei hatte seine eigene Fraktion das Gesetz selbst mitbeschlossen

Am Ende lenkte Adidas ein und verzichtete auf seine rechtlich gewährte Möglichkeit, die Mietzahlungen aufzuschieben. Die Moralisten jubelten, ohne zu erkennen, dass sie wieder einmal der moralischen Willkür Vorrang vor der Gleichheit vor dem Gesetz gegeben hatten. Sie erkannten nicht, dass ihr moralisches Bedrängen selbst den Charakterzug der anmaßenden Sittenwächterei und damit des Egoismus trägt.

Warum sollte denn Adidas nicht den rechtlichen Rahmen wie jedes andere Unternehmen nutzen, der ihm gegeben wurde? Wie sonst sollten die Geschäftsführer von Adidas handeln, wenn nicht im Interesse von Adidas? Die Verkaufsmöglichkeiten des Unternehmens waren gesetzlich unterbunden. Das Unternehmen hatte Kosten, aber keine Einnahmen. In so einer Situation ist der Erhalt der Zahlungsfähigkeit für ein Unternehmen oberstes Gebot. Dementsprechend nutzte auch Adidas jeden gegebenen Spielraum, um den Abfluss von flüssigen Mitteln zu vermeiden. Eine vollkommen legitime, logische, regelkonforme Strategie. Nur: Sie war zu schlecht getarnt. Sie war schon auf den ersten Blick zu ehrlich gestaltet als Strategie zum eigenen Vorteil.

Genau dann kommen die Moralisten aus allen Ecken geschossen. Sie schimpfen auf das egoistische Motiv, weil sie wissen, wie sehr sich Menschen in schamvoller Erinnerung an ihre eigenen egoistischen Taten abwenden.

Dabei sind diese Scheinsiege gegen die Egoisten immer unvernünftig. Ein Unternehmen hat den Auftrag, im eigenen Interesse zu handeln. Es ist seine ureigenste Aufgabe in unserer Wirtschaftsordnung, an sich zu denken in Konkurrenz zu anderen. Anders kann ein Unternehmen in der bestehenden Ordnung nicht sinnig handeln.

Wenn nun aber der Lärm gesellschaftlicher Moralappelle gegen ein Unternehmen so laut wird, dass er so geschäftsschädigend wird, dass das Unternehmen mehr Vorteil darin sieht, den gesetzlich gegebenen Rahmen nicht zu nutzen, dann ist nichts gewonnen.

Denn man mag dieses eine Unternehmen gebändigt haben, aber die Macht der Empörung reicht lange nicht aus, jedes Unternehmen zu bändigen. Die Marktwirtschaft läuft mechanisch-routiniert allem Widerstand zum Trotz nach den immer gleichen Prinzipien. Man statuiert also nur ein Exempel an einem Konzern, während alle Konkurrenz im Schatten der Empörung über das eine Unternehmen das gleiche ungehindert zu ihrem eigenen Vorteil tut.

Es kommt zur mit Moral begründeten Ungerechtigkeit, weil die einen unbemerkt den gegebenen Spielraum nutzen können und die anderen im Fokus der Empörung vor diesem zurückschrecken müssen. Es entsteht weniger statt mehr Gerechtigkeit.

Was in diesem empörten Getöse untergeht, ist, dass im System tatsächlich etwas nicht in Ordnung ist, wenn die reiche Firma ihre Miete an den vielleicht wirtschaftlich schwächeren Vermieter nicht mehr bezahlt. Es stimmt etwas nicht. Der Fehler liegt im Regelwerk des Systems, nicht in der Haltung der Akteure, die sich unter den Bedingungen dieses Systems zu bewegen haben.

Die Sehnsucht unserer Gesellschaft liegt deshalb in der Gemeinschaft, weil eine Schieflage im System zwischen dem natürlichen Egoismus und dem gesellschaftlichen Zusammenhalt entstanden ist. Weil die Ich-Werdung nur noch als Wegstoßen des anderen gedacht werden kann. Weil in einer Welt, in der Herrschaft, Gott und Tradition nur noch eine untergeordnete Rolle spielen, keine über uns stehenden Limitationen der Selbstwerdung mehr Einhalt gebieten. Wir bahnen mit hartem Ellenbogen unseren Weg durch das Leben, und keine Angst vor Höllenqualen hält uns mehr auf. Wir denken heute ganz und gar uns selbst und an uns selbst, und weil uns das erschreckt, hat die Rede vom Zusammenhalt so große Konjunktur.

Dabei muss man als politischer Mensch lernen, die Differenz zu bemerken zwischen Sagen und Entscheiden. Wer vom Zusammenhalt spricht, wählt noch lange nicht die eigene Schlechterstellung. Wer die Gemeinschaft beschwört, ist noch lange nicht willens, die Umverteilung zuungunsten der eigenen Person zu befördern. Es gibt einen Unterschied zwischen der öffentlichen Rede von der Solidarität vor dem Wahllokal und der geheimen Entscheidung in der Wahlkabine.

Sie bekommen Applaus für den Moralappell des Zusammenhalts, aber dennoch keine Stimme dafür.

Die moralische Rede vom Zusammenhalt erhält Applaus, weil sie eine Sehnsucht befriedigt, aber sie erhält keine Stimme, weil sie nicht mehr ist als eine hohle Phrase. Es fehlt die Politik, die wirksam erklärt, dass das Streben nach dem eigenen Vorteil nicht mehr zwangsläufig zum Nachteil aller anderen führt.

Es fehlt die Politik, die den Egoismus wirksam zu bändigen verspricht, ohne das freie Ich zu unterdrücken.

Längst hat ein jeder Mensch in unserer Gesellschaft verstanden, dass das Prinzip der Selbstoptimierung, Selbstvermarktung und Selbstversorgung gilt. Man muss trainieren und sich gesund ernähren. Man muss sich selbst vermarkten, oder, um es mit leicht anderen Worten zu sagen, selbst anbieten, selbst verkaufen, um wirtschaftlich Erfolg zu haben. Privat muss man für die Rente vorsorgen, sich um die eigene Pflege kümmern, die Zähne zusätzlich versichern, eine individuelle Betreuungslösung für die eigenen Kinder und Eltern finden und zwischendrin sein Gehalt verhandeln. Man muss vergleichen und prüfen und alles selbst entscheiden. Ich muss verantwortlich konsumieren. Ich muss verantwortlich vorsorgen. Ich muss verantwortlich handeln, mich selbst erfinden. Ich muss alles tun für mich und dabei nicht selten gegen Dich.

In diese allumfassende Realität der bestehenden Ordnung wird nun das sehnsüchtige Wort vom Zusammenhalt gesprochen, und ja, es wirkt wie die Utopie, nach der man streben sollte, weil dieser Zusammenhalt so sehr das Gegenteil von dem ist, wie wir gerade leben müssen. Aber wir wissen auch, wer zu viel für das Wohl der anderen gibt, der büßt in unsrer Zeit das eigene ein.

Deutlich machen kann man das an einer endlosen Zahl von Beispielen. Nehmen wir die ersten Wochen der Corona-Pandemie. In den ersten Wochen der Krise gab es noch keine offiziellen Verbote, aber bereits eine Vielzahl moralischer Appelle zum Zusammenhalt. Die Kanzlerin forderte auf, die Kontakte zu reduzieren, und man bat moralisch all die Cafébetreiber und Kneipenbesitzer, ihre Läden zu schließen. Man bat darum, aber verordnete es noch nicht.

Wer in diesem Moment seinen Laden schloss, musste all die finanziellen Verluste durch diese Entscheidung für den Zusammenhalt tragen. Wer den Appell ignorierte und den eigenen Laden einfach offenließ, bekam zur eigenen Kundschaft noch obendrein die der geschlossenen Läden dazu.

Die Moral vom Zusammenhalt hatte sich wieder einmal als schlechtes Geschäft erwiesen.

Genau in dem gleichen Dilemma stecken auch alle Eltern. Wenn sie mehr Hilfe der Lehrkraft für ihr Kind fordern, dann nehmen sie mit dieser Forderung gleichermaßen allen anderen etwas weg, und keine Forderung lässt sich erheben, die gleichzeitig das Bestmögliche für das eigene Kind und das Bestmögliche für das andere Kind schafft. Wer sich Nachhilfe leisten kann, verzerrt den fairen Bildungswettbewerb der Kinder zugunsten des eigenen Nachwuchses. Ja, es ist ein Wettbewerb, denn spätestens am Ende der Schulzeit sind die Ausbildungs- und Studienplätze begrenzt, die begehrten Jobs limitiert und dann zahlt sich aus, dass man schon vor Jahren das eigene Kind über die Lücken seiner Motivation und seines Begreifens mithilfe kostenpflichtiger Unterstützung gehoben hat. Welchen Eltern könnte man das vorwerfen? Sie wollen eben das Beste für ihr Kind und nur, wenn sie dabei in Kauf nehmen, nicht das Beste für alle Kinder zu wollen, geht dieser Wunsch auf.

Deshalb ist die Sehnsucht nach einem echten Zusammenhalt in unserer Gesellschaft so groß. Weil unsere Erfahrung mit nahezu allem in den vergangenen Jahrzehnten so war, dass wir geradezu gezwungen sind, den eigenen Vorteil in den Mittelpunkt zu rücken, weil der nur moralisch beschworene Zusammenhalt – oft eingerahmt von der Rede von der Solidarität – am Ende nichts anderes bringt, als selbst im Nachteil zu sein.

Unser System liefert keinen Gewinn aus Gemeinsinn mehr. Uns gingen Gott und Tradition verloren. Uns fehlen jene normierenden Kräfte, die jeden ausstießen aus dem engen Kollektiv, der nur im eigenen Sinne handelte, und die so dafür sorgten, dass es im eigenen Interesse war, die Regeln der Gemeinschaft zu beachten. Wir stießen endgültig diese alten Autoritäten fort, und was als Befreiung daherkommen sollte, ist zum neuen Gefängnis geworden. Denn wo der Egoismus dereinst eingehegt wurde durch die tradierten Formen der gesellschaftlichen Moral sowie die religiösen Vorstellungen der strafenden Göttlichkeit, da spielen heute all die vielen Egos frei und bedrängen einander so sehr, dass sie die neuen Ketten unserer Selbstversklavung schmieden.

Der Wunsch ist immer das Gegenteil des Jetzt. Wo die erdrückende Enge von zu viel Gemeinschaft herrschte, da speiste sich der utopische Traum aus der Idee vom freien Menschen, vom freien Ich, das ohne Tradition, Herrschaft und religiösen Zwang sich selbst entfaltet und jetzt, da dies für so viele Menschen vollbracht ist und das freie Ich all die Last der Eigenverantwortung zu tragen hat, jetzt, da nur noch das freie Ich allein gewinnen kann, merken wir, dass wir andere dafür opfern müssen, ohne dass wir dies rechtfertigen können durch göttlichen Willen oder altes Adelsprivileg. Wir tragen selbst die Schuld und reden deshalb schuldbewusst von der Utopie der neuen Gemeinschaft, ohne ernsthaft an sie zu glauben, weil wir nicht wissen, wie man sie erschafft. Heiße sie nun Zusammenhalt, Gemeinwohl oder Füreinander.

Der alte Traum von der Gesellschaft ohne Herrschaft hat sich ins Gegenteil verkehrt. Je stärker die Kräfte beiseitegeschoben wurden, die den Menschen seit jeher niederdrückten, je freier das Ich sich entfalten konnte, desto größer wurden die Reibungskräfte, die all die vielen Egoismen miteinander erzeugten. Das ich, das eben noch der Traum von Freiheit war, wurde durch immer mehr in sich zusammenfallende gesellschaftliche Norm schuldig. Befreit vom Drang der Autorität, bedrängt das Ich nun alle anderen.

Wo eben noch die Rebellion gegen die Autorität richtig schien, wurde mehr und mehr die Rebellion gegen mein direktes Alltagsgegenüber zur Notwendigkeit. Wir erkennen nicht mehr, dass sich Konflikte gemeinschaftlich lösen lassen. Deshalb schreien Autofahrer und Radfahrer sich gegenseitig auf der Straße an. Sie haben die Hoffnung aufgeben, dass eine Gemeinschaft ihnen beiden ihren Raum verschaffen kann. Wir haben alle gelernt, dass es niemanden gibt, der uns Recht verschaffen kann, außer wir uns selbst, und weil wir jede erdrückende Norm des Anstandes überwunden haben, hält uns nichts mehr ab, den anderen öffentlich zu beschimpfen.

Deshalb gehen wir brüllend aufeinander im Internet los. Deshalb enthemmt sich der öffentliche Diskurs, weil keine Norm mehr besteht von dem, was gesagt werden sollte und was nicht, und weil kaum eine Institution der Herrschaft mehr besteht, die eine solche Norm noch wirksam durchsetzen könnte.

Die negativen Folgen jener so schwach eingehegten Egoismen, die donnernd laut in unserem Alltag aufeinanderprallen, sind auch politisch längst bemerkt worden. Doch die Lösungsangebote überzeugen nicht. Sie befassen sich nicht mit der inneren Beschaffenheit des gesellschaftlichen Konfliktes und greifen damit auf die altbekannten Muster zurück.

Die einen glauben an die alte Autorität der Norm. Daran, dass man mittels Gesetzes und Grenzen und Gewalt wieder ein Überich erzeugen könnte, das dem Individualismusdrang Einhalt gebietet, das einfach Transmenschen verbietet oder Frauen daran hindert, ihren gerechten Teil vom

Ganzen einzufordern. Diese Menschen glauben, geschlossene Grenzen brächten wieder Ordnung ins Innere und träumen von mehr Polizei und Ordnungskräften auf der Straße.

Sie sprechen von der Leitkultur und geben sich der Hoffnung hin, dass eine Kulturdefinition, die Teile der Gesellschaft ausgrenzt, integrierend wirken könnte. Nein, ein gesellschaftlicher Zusammenhalt ist nicht gegeben, wenn alle die gleiche Kulturform leben. Weil eine solche Homogenisierung immer auch die Unterdrückung menschlicher Unterschiedlichkeit zur Folge hat. Der Gemeinschaftsgedanke, der nicht davon ausgeht, zusammen etwas zu erreichen, sondern zusammen sein zu müssen, ist fehlgeleitet.

Daneben die anderen, die glauben, die Befreiung läge darin, jedwede Interaktion zu moralisieren. Sie bauen Autorität durch beständiges Missionieren, durch fortlaufende Appelle an die Umkehr auf. Sie predigen das schlechte Gewissen, auf dass das Ego des anderen, das nach seiner ungezügelten Freiheit strebt, sich schuldbewusst wieder zusammenkauere.

Die einen setzen die Pickelhauben wieder auf und die anderen legen das postmoderne Predigergewand an.

Aber genau diese beiden Formen der Autorität – durch Gesetz und durch Moralpredigten, sind schon in der Vergangenheit am freien Ich gescheitert. Wie sonst wären wir heute dort, wo wir sind. All die Predigten von den Kanzeln verhallten, wie die Wirkung zu enger Regeln verpuffte. Beide Strategien haben längst ihre Unwirksamkeit bewiesen.

Deshalb wirkt unser öffentlicher Diskurs aktuell so schräg. Weil die einen stets neue Verhaltensregeln und Kontrollen fordern, von denen wir wissen, dass sie wesentliche Probleme des Zusammenlebens nicht lösen werden, und die anderen nur noch moralische Empörungswelle auf Empörungswelle branden lassen.

Die Aufgabe, die sich uns allen stellt, hingegen ist, das System so neu zu gestalten, dass die freie Vorteilssuche des Einzelnen, dass der Egoismus des Einzelnen nicht dem Egoismus des anderen in die Quere kommt. Unsere Aufgabe ist es, dem Menschen zu zeigen, dass eine Ordnung möglich ist, in der man durch das Mitdenken des Gegenübers mehr Vorteile erzielt als im Einzelkampf. Ein Zusammenhalt soll entstehen, der auch einen Egoisten überzeugt.

Systemisch denken

Lassen Sie uns die Suche nach dem neuen Zusammenhalt, der auch einen Egoisten überzeugt, zuerst auf der kleinsten Ebene betrachten, im privatesten Umfeld, mittendrin in einer Wohngemeinschaft.

Als ich neulich meinen Freunden die Frage stellte, welcher Alltagsegoismus sie am meisten nervt, antwortete einer: »Wenn einer das eine scharfe Messer in der Wohngemeinschaft mit in sein Zimmer nimmt.«

Dieser eine Satz scheint mir in seiner ganzen Banalität besonders geeignet zu sein, um der Frage auf den Grund zu gehen, wie der Egoismus insgesamt weniger werden kann. Denn zu Recht fragt man sich, ob denn nun dieser Mensch keine größeren Probleme hat als ein scharfes Messer. Und ja, mit Sicherheit hat er diese. Dennoch macht ihn die Frage, warum sein Mitbewohner stets nur an sich selbst denkt und nicht auch an ihn, so wütend, dass er den Punkt als Antwort auf meine Frage in die Öffentlichkeit des Internets trägt.

Das eigentliche Problem ist doch recht klein und so sollte es uns doch leichtfallen, es zu lösen. Denkbar für dieses Problem ist eine Vielzahl von Lösungen. Der Freund könnte Prediger werden und moralisch ansprechen, dass er es egoistisch und gemein findet, wenn das eine scharfe Messer immer mitgenommen wird. Das mag zum Erfolg führen, aber viel wahrscheinlicher ist, dass der Mitbewohner sich bedrängt fühlt und all die Beispiele hervorkramt, in denen der andere nur seinem Egoismus folgt. So geraten die beiden schnell in eine dieser unsinnigen Diskussionen mit wechselseitigen Vorwürfen, die mittlerweile so prägend geworden sind für jede Talkshow. Es prallen Prediger aufeinander und überschütten sich gegenseitig mit moralischem Sermon, und alle sind am Ende genervt und noch frustrierter, ohne dass sich etwas löst.

Natürlich ist das vorwurfsvolle Aufeinanderlosgehen niemals alternativlos. Die Wohngemeinschaft könnte zum Beispiel einfach ein zweites scharfes Messer anschaffen. Das würde die Chance bergen, das Problem zu lösen, allerdings hätten beide dann auch den Nachteil zu ertragen, ein neues Messer finanzieren zu müssen. Auch in der Gesellschaft kennen wir diesen Mechanismus. Da wird hier ein Hilfspaket geschnürt und dort ein Bonus ausgezahlt, um irgendwie den Frust aufzufangen, der sich aus Ungerechtigkeit ergibt. Ein teurer Lösungsweg für all die Krisen und Konflikte, die sich ergeben und mittelfristig ein Anlass, die Frage der Finanzierbarkeit zu stellen.

Dennoch, die Optionen in unserem Fall sind noch nicht ausgeschöpft. Es bleibt noch die Möglichkeit der Regeländerung. Man einigt sich darauf, dass man einfach ungefragt ins Zimmer des anderen gehen darf, um das Messer herauszuholen. Dann aber ist schnell der nächste Konflikt programmiert, weil die Grenze der Privatheit in der Wohngemeinschaft nicht mehr gilt, alles zum Kollektiv verkommt und das ganz neue Probleme mit sich bringt.

Sie sehen, jede Lösung für dieses scheinbar kleine Problem bringt übermäßige Kosten mit sich. Zeitkosten durch Diskussion und Streit. Finanzkosten durch die Anschaffung eines neuen Messers. Kosten an Nervenaufwand, um neue Regeln zu definieren.

All diese Kosten bergen das Risiko für neuen Streit. Die klügste aller Lösungen ist es demnach, den Frust einfach in sich hineinzufressen. Nichts zu sagen, nicht zu reagieren, nicht aufzufordern, es zu ändern. Man ärgert sich lieber jeden Tag, als das Problem anzugehen, und damit vergiftet dieser kleine gelebte Egoismus, der sich gefühlt anstaut, das Klima untereinander. Nun ist das Interessante an diesem Fall in der Wohngemeinschaft, dass derjenige, der das scharfe Messer mit auf sein Zimmer nimmt, nichts verlieren würde, wenn er es zurückbrächte, wohingegen ausgerechnet die Lösung des Falles durch den Benachteiligten zum Nachteil aller wird.

Also stellt sich zum Wohle dieser Wohngemeinschaft – und sie sei nur ein Beispiel für die Gesellschaft als Ganzes – die Frage, wie muss man vorgehen, wenn man es schaffen will, dass ein jeder sich nicht nur um sich selbst, sondern immer auch um den anderen dreht.

Wie fördern wir, dass ich überall dort, wo ich keinen Nachteil erleide, indem ich dem anderen Gutes tue, dieses auch mache?

Wenn man eine bestimmte Art zu denken in der Gesellschaft fördern will, dann muss man Strukturen erschaffen, die genau dieses Denken bedingen. Wir müssen uns selbst darauf trainieren, das Gegenüber mit seinen Interessen mitzudenken. Weil der Vorteil aller uns selbst so viele unnötige Konflikte spart.

Schließlich ist davon auszugehen, dass, wenn die Messerfrage in der Wohngemeinschaft endlich gelöst ist, auch wieder ein kleines bisschen mehr Friede und Freundschaft und damit mehr Wohlbefinden für alle herrscht.

Die Lösung für das Messer liegt vor dem Konflikt. Ist der Konflikt erst ausgebrochen, lässt er sich nur durch negative Seiteneffekte lösen. Sprich, es gilt dafür zu sorgen, dass die Menschen, die in einer Wohngemeinschaft zusammenziehen, schon seit Jahren in Rücksichtnahme und Gemeinwohl geübt sind. Dadurch mag man nicht jeden Streit vermeiden, aber die Wahrscheinlichkeit für so einen unnötigen Streit rund um ein geteiltes Messer würde sinken.

Diese Art zu denken, nennt man systemisch. An welchen Stellschrauben kann ich etwas verändern, sodass sich alles verändert. Vorstellen muss man sich das wie in einem Getriebe. Verändere ich etwas an einem Zahnrad, dann ändert sich das Zusammenspiel aller anderen Zahnräder mit.

Gut beobachten kann man das beispielsweise beim Thema Müll. Wo Müll wild in der Landschaft liegt, da wird viel schneller weiterer Müll dazu geworfen. Der Umstand, dass ein anderer die Aufgeräumtheit schon verdorben hat, senkt die Hemmschwelle aller anderen. Umgekehrt funktioniert es aber genauso. Wo darauf geachtet wird, dass alles sauber ist, da steigt die Hemmschwelle, der Erste zu sein, der hier den Müll hinwirft. Damit reguliert der Rahmen das Verhalten des Einzelnen ganz ohne gesetzliche Autorität und ganz ohne Moralappell.

Es geht also darum, systemisch gedacht, den Menschen in möglichst vielen organisierbaren Situationen zur Kooperation zu bringen, damit die kooperative Grundhaltung ihm so sehr zu eigen wird, dass er sie auch auf jedwedes Alltagsgeschehen überträgt.

Oder anders gesprochen: Was im öffentlichen Raum die saubere Stadt ist, das ist im Menschen das erlebte Miteinander. Wer den anderen schon oft mitgedacht hat, wird seltener das Gegenüber völlig außer Acht lassen. Damit sinkt insgesamt der Anteil egoistischen Handelns in der Gesellschaft. Ein Mitbewohner brächte das Messer einfach zurück, weil er auch an den anderen denkt.

So ist die gesamtgesellschaftliche Aufgabe gestellt: Gestalte die Ordnung unseres Zusammenlebens so, dass der persönliche Vorteil dann besonders groß wird, wenn man auch zum Vorteil aller anderen handelt. Oder als programmatischer Satz formuliert: Wir wollen, dass Du für Deinen Vorteil niemandem schaden musst.

Die kluge Ordnung

Wirtschaft und Arbeit

Wenn es gelingen soll, dass wir in unserer Gesellschaft weniger Konfrontation untereinander erleben müssen, dann braucht es Strukturen, die uns erleben lassen, dass wir gemeinsam stärker sind als alleine.

Bei dem Gedanken »gemeinsam ist man stärker als allein« fällt mir sehr schnell die Gewerkschaft ein. Aber stimmt denn das überhaupt?

Wenn ich ehrlich bin, dann weiß ich, dass viel von der Solidarität unter Arbeitnehmerinnen und Arbeitnehmern, die im Arbeitsleben beschworen wird, nur Rhetorik ist. Mit der Realität hat das oft wenig zu tun – auch zum Leidwesen der Gewerkschafterinnen und Gewerkschafter. Man muss in Wirklichkeit zu oft einander schaden, wenn man Karriere machen will.

Der Gedanke, gemeinsam mehr für sich selbst und alle anderen zugleich zu erreichen, fußt auf einem in die Jahre gekommenen Wirtschaftsverständnis. Er basiert auf einem historischen Moment, in dem alle in der gleich schlimmen

Lage waren. Heute ist die Belegschaft in sich differenziert. Sie unterscheidet zwischen fest angestellt und befristet, zwischen gut und schlecht bezahlt, zwischen Stammbelegschaft und Leiharbeiterschaft.

Auch die Idee, dass sich Arbeitgeber und Arbeitnehmer jeweils organisieren und in einem großen Aushandlungsprozess ein Branchentarifvertrag entsteht, verliert an Aktualität. Für einige Bereiche unseres Wirtschaftslebens geht diese Formel noch immer auf. Für die Metallindustrie ganz besonders, für sehr viele andere Wirtschaftsbereiche hingegen ist sie keine Realität mehr. Dafür gibt es zwei Gründe:

Erstens haben in vielen Branchen die Gewerkschaften einen zu schwachen Organisationsgrad, als dass sie noch kraftvoll für die gesamte Branche verhandeln könnten.

Zweitens sind große Teile der Wirtschaft heute kleingliedrig, und in vielen neuen Arbeitsformen haben sich die starren Rollen von Chef und Angestellten aufgelöst. Man begreift sich gar nicht mehr als konkurrierende Kräfte, sondern als gemeinsames Team. Da herrscht oftmals mehr Konkurrenz der Arbeitnehmerinnen und Arbeitnehmer untereinander als gegenüber den Eigentümerinnen und Eigentümern des Unternehmens. Gegen diese zu streiken, zu verhandeln oder sich wechselseitig mit Ansprüchen zu konfrontieren, ist hier fremd geworden.

Das Ergebnis dieser schwächer werdenden Organisation der Arbeitnehmerinnen und Arbeitnehmer und ihrer Konkurrenz untereinander ist bekannt. In Deutschland sind die Löhne vergleichsweise niedrig im Verhältnis zu unserer Wirtschaftskraft. Die sogenannte Schere zwischen Arm und Reich geht immer weiter auseinander.

Es gibt in kleinen Unternehmen viele prekäre Beschäftigungsverhältnisse, aber besonders diejenigen Angestellten, die in Wirtschaftsbereichen mit großen Unternehmen und Organisationen als Arbeitgebern arbeiten, wo aber der gewerkschaftliche Organisationsgrad gering ist, leiden unter besonders schlechter Bezahlung. So ist es beispielsweise in der Pflege. Nur wenige Beschäftigte in der Pflege sind gewerkschaftlich organisiert, die Kraft zur Verhandlung der Gewerkschaften ist damit schwach ausgeprägt, und die Löhne sind in der Konsequenz niedrig.

Während man sich im kleinen Unternehmen noch traut, nach mehr Gehalt zu fragen und die persönliche Beziehung zuweilen einen Beitrag dazu leistet, dass diese Frage positiv beantwortet wird, sind die Großbetriebe gnadenlos anonym. Da werden die Arbeitsbedingungen mit dem Verweis auf den Konkurrenzdruck eher noch verschlimmert als verbessert.

Diesen Umstand haben auch längst die Gewerkschaften erkannt und reagieren darauf mit – wie sollte es in unserer Zeit auch anders sein – Moralappellen an den Zusammenhalt. Man solle solidarisch sein, Arbeitnehmer müssten zusammenhalten, aber wenn eben die Beschwörung des Zusammenhalts schon als Argument nicht reicht, dann könne man zumindest noch mit Fug und Recht sagen, eine arbeitsrechtliche Vertretung als Mitglied der Gewerkschaft zu erhalten.

Für den in unserer Ellenbogengesellschaft geübten Menschen haben diese Argumente nur wenig Überzeugungskraft. Denn was ist das Angebot, das mir als Individuum hierbei gemacht wird? – Ich soll den Gewerkschaftsbeitrag in Höhe von einem Prozent meines Bruttolohns zahlen und erhalte selbst im ersten Schritt nur wenig Gegenleistung. Denn weil meine Kolleginnen und Kollegen ja auch zum größten Teil nicht in der Gewerkschaft sind, steigt mit meiner Mitgliedschaft zwar minimal der Organisationsgrad, aber eben noch lange nicht genug, damit die Gewerkschaft plötzlich eine größere Verhandlungsmacht besäße.

Der Gewerkschaftseintritt aus Solidarität ist demnach eine Solidaritätsillusion. Denn mein Eintritt bedingt erfahrungsgemäß noch lange nicht den Eintritt aller anderen. Ich selbst werde also zu einer Person, die fleißig Gewerkschaftsbeiträge bezahlt, damit Geld verliert, und die anderen kommen nicht aus Solidarität nach.

Anders gesprochen: Ich bin der Dumme.

Erst wenn so viele in den schlecht organisierten Betrieben der Dumme waren, dass sie gemeinsam viele sind, dann ergibt dieser Schritt einen Sinn. Denn dann ist die gewerkschaftliche Kraft groß genug, um stark zu verhandeln. Allerdings tut sie das dann nicht nur für mich, sondern gleich für alle mit, die nicht in der Gewerkschaft sind. Nicht willentlich und absichtlich, sondern weil die Arbeitgeber meist für den innerbetrieblichen Frieden und um die Gewerkschaft zu schwächen, den verhandelten Tarif an alle ausbezahlen. Damit verhandeln Gewerkschaften indirekt einen Tarifvertrag für alle Beschäftigten und nicht nur für ihre Mitglieder. Also für mich, den Dummen, der all die Jahre gezahlt hat, und meinen Kollegen, den Schlauen, der jetzt profitiert, aber sich all das Geld für die Gewerkschaft gespart hat.

So sorgen die Arbeitgeber bewusst dafür, dass sich die Gewerkschaftsmitgliedschaft für Einzelne möglichst wenig lohnt. Sollte man dieses Spiel der Arbeitgeber als Gewerkschaft wirklich mitspielen?

Das Problem an dieser Konstruktion ist also, dass derjenige, der im Sinne des gemeinsamen Vorteils handelt, gleichzeitig sich selbst schaden muss. Oder umgekehrt. Wer an sein eigenes Konto denkt, muss allen anderen schaden, indem sie oder er nicht den Gewerkschaftsbeitrag bezahlt.

Nun wurde schon oft über diesen Zustand lamentiert, aber eben noch keine Konsequenz gezogen. Das System ist falsch herum gebaut. Wer im Sinne der Gemeinschaft handelt, verliert. Wer gegen die Gemeinschaft handelt, gewinnt.

Bei einer solch eindeutigen Sachlage hilft es auch nichts, den Zusammenhalt zu beschwören. Der Moralappell verhallt. Er funktioniert nur und ausschließlich in Betrieben, in denen so viele in der Gewerkschaft sind, sodass sie durch sozialen Druck alle anderen mit sanftem Zwang auch zur Gewerkschaftsmitgliedschaft bewegen. »Wir sind hier alle in der Gewerkschaft!« Aber wo eben nicht gilt, dass alle in der Gewerkschaft sind, da gibt es diesen sozialen Druck nicht, sondern nur die nüchterne Kalkulation von Kosten und Nutzen.

Will man hingegen tatsächlich erreichen, dass die Menschen in den schlecht bezahlten Branchen zusammenhalten und sich gemeinsam organisieren, muss man auch als Gewerkschaft ein neues Mittel der Selbstorganisation wählen. Dieses kann nur bedeuten, dass ein Gleichklang hergestellt wird zwischen dem egoistischen Interesse, nichts für alle anderen mitbezahlen zu müssen, und dem Interesse, durch gewerkschaftlichen Zusammenhalt mehr Geld zu erstreiten. Denn darum geht es im Kern bei der Gewerkschaftsarbeit: besserer Lohn.

Spätestens jetzt würden Sie in einer Debatte mit Gewerkschaftern deutliche Missstimmung erleben. Den vielfach beschworenen Zusammenhalt der Gewerkschaft so sehr auf ein realistisches Maß zurechtzustutzen, löst Widerstand aus. Interessanterweise nach meiner Erfahrung einen ganz besonderen Widerstand, der die Form der Überbetonung des Zusammenhalts annimmt. Dann wird von Solidarität als Grundwert erzählt und aus der Geschichte zitiert. Dass früher die Arbeiter sich vom Munde etwas abgespart haben, um sich zu organisieren. Dass man nicht nur an sich selbst denken kann. Dass Egoismus unerträglich ist.

Ja, die Rede gegen den Egoismus ist stark. Sie ist immer stark, aber auch hier gilt, sie entfaltet keine wirkliche Kraft, wenn sie nur eine Sonntagsrede bleibt. Denn eines ändert sich nicht. Nämlich, dass in schlecht organisierten Betrieben mein Gewerkschaftseintritt aus Solidarität mit allen anderen gar keine Solidarität der anderen im Gegenzug zur Folge hat. Ich werde zur zahlenden Minderheit gegenüber einer profitierenden Mehrheit. Der Zusammenhalt ist demnach gleichbedeutend mit einer randständigen Selbstschlechterstellung.

Man kommt also nicht umhin, die Systemfrage zu stellen. Wie kann man über den moralischen Appell an die Solidarität hinaus dafür sorgen, dass das Eintreten für den Zusammenhalt auch mir Halt gibt und nicht nur allen anderen? Wie kommen der Egoismus und der Zusammenhalt zusammen? Oder besser gesagt: Wie führt mein Streben nach mehr Lohn zu mehr Lohn für mich und alle anderen zugleich?

Lassen Sie uns also bei der Konstruktion der besseren Struktur vor unserem inneren Auge die zentralen Akteure der nun zu lösenden Frage miteinander ehrlich sein.

Arbeitnehmer: Ich hätte gerne mehr Lohn.

Gewerkschaft: Für mehr Lohn muss man sich gewerkschaftlich organisieren. Nur zusammen können wir streiken.

Arbeitnehmer: Wenn ich mich gewerkschaftlich organisiere, dann muss ich bezahlen. Garantiert mir das mehr Lohn?

Gewerkschaft: Garantieren, nein, aber wenn genügend mitmachen, dann können wir etwas erreichen. Dann werden wir mehr Lohn für dich erstreiten.

Arbeitnehmer: Wenn also genügend andere auch etwas für die Gewerkschaft bezahlen, dann bekomme ich mehr Lohn, solange wir das nicht erreichen, habe ich weiterhin nur meinen schlechten Lohn minus den Gewerkschaftsbeitrag.

Gewerkschaft: Ja.

Die Rechnung lautet also:

Mein Profit (P) ist also das nach einem Arbeitskampf errungene neue höhere Gehalt (G) multipliziert mit der restlichen Dauer meiner Tätigkeit in diesem Betrieb (T) minus die Anzahl der Monate (M), die es gedauert hat, bis genügend Kollegen in die Gewerkschaft eingetreten sind, um einen Arbeitskampf durchzuführen, multipliziert mit dem monatlichen Beitrag meiner Gewerkschaftstätigkeit (B).

$P = G \times T - M \times B$

Offensichtlich ein schlechter Deal. Denn zwei Variablen laufen zu meinen Ungunsten. Zum einen liegt es nicht in meiner Hand, wie lange M dauert. Also wie lange es dauert, bis alle anderen auch einsteigen. Und zum anderen weiß ich nicht, wie lange ich im Betrieb tätig bin. Ich kenne also die Größe von T nicht. Je geringer der Organisationsgrad ist, desto größer wird M sein, und je prekärer die Arbeitsbedingungen sind, desto kleiner kann T sein. Sprich: Mit geringem Organisationsgrad und wackeligem Beschäftigungsverhältnis wäre der Theorie nach eine Gewerkschaftsmitgliedschaft zwar abstrakt sinnvoll, aber konkret ein schlechtes Geschäft.

Ändert man an diesem Gespräch nur eine Kleinigkeit, geht die Kalkulation plötzlich besser auf.

Arbeitnehmer: Ich hätte gerne mehr Lohn.

Gewerkschaft: Für mehr Lohn muss man sich gewerkschaftlich organisieren. Nur zusammen können wir streiken. Komm dazu, es kostet dich nichts.

Arbeitnehmer: Garantiert mir das mehr Lohn?

Gewerkschaft: Garantieren nein, aber wenn genügend mitmachen, dann können wir etwas erreichen. Dann werden wir mehr Lohn für Dich und Gewerkschaftsmittel für uns erstreiken.

Arbeitnehmer: Ich habe also die Chance auf mehr Lohn ohne ein Risiko?

Gewerkschaft: Ja.

Die Rechnung lautet jetzt:

Mein Profit (P) ist mein neues Gehalt (G) multipliziert mit den restlichen Monaten meiner Tätigkeit im Betrieb (T).

$P = G \times T$

Eine Rechnung, die im schlimmsten Falle auf null fällt, aber niemals negativ werden kann.

Dieser Formel folgend, ist es natürlich viel leichter, Gewerkschaftsmitglieder zu gewinnen. Denn wenn die Mitgliedschaft in der Gewerkschaft die einzelnen Arbeitnehmer nichts kostet, dann ist der Schritt zum Eintritt schnell gemacht. Jetzt spricht alles dafür, sich gewerkschaftlich zu organisieren.

Was aber für die Arbeitnehmer im Betrieb sofort aufgeht, geht nicht mehr für die Gewerkschaft auf. Denn wie soll sie ihre Arbeit finanzieren und wie die Streikkasse füllen, wenn sie keine Beiträge mehr bekommt?

Hier lohnt nun die Rede von der Solidarität. Hier kann nun die Gemeinschaft der Gewerkschaft ihren Zusammenhalt beweisen. So könnte eine Gewerkschaft wie folgt vorgehen: Sie erstreikt in einer Branche oder in einem Betrieb, die beziehungsweise der noch einen hohen Organisationsgrad hat, einen Tarifvertrag mit Gehaltserhöhungen für die Angestellten der Branche beziehungsweise des Betriebes und der zusätzlich besagt, dass die Arbeitgeber ein Prozent der Bruttolohnsumme aller Beschäftigten an die Gewerkschaft zahlen müssen. Das wäre deutlich mehr als die Summe aller Gewerkschaftsbeiträge in diesen Betrieben heute.

Denn statt einem Prozent des Bruttolohns jedes Mitgliedes erhält die Gewerkschaft dann ein Prozent der gesamten Bruttolohnsumme aller Angestellten.

Sie beendet also das Modell des Mitgliedsbeitrags und erstreikt beziehungsweise verhandelt ihre Finanzen direkt beim Arbeitgeber mit.

Dann nutzt sie die dort erstreikten Mittel, um einen Arbeitskampf in einer noch gewerkschaftlich schwach organisierten Branche oder einem schwach organisierten Betrieb zu finanzieren und erreicht dort ebenfalls eine Lohnerhöhung für die Arbeitnehmer und ein Prozent der Bruttolohnsumme für sich selbst.

In diesem Modell werden jetzt die Interessen in die gleiche Richtung gerichtet: Die Gewerkschaft profitiert finanziell besonders von der Organisation von Arbeitskämpfen in gewerkschaftlich schlecht organisierten Branchen, und sie muss die einzelnen Arbeitnehmer in diesen Branchen nicht mehr überzeugen, eigene Verlustrisiken durch den Mitgliedsbeitrag einzugehen.

Von nun an bedeutet eine Gewerkschaftsmitgliedschaft einen eindeutigen Vorteil. Denn als Mitglied der Gewerkschaft verfüge und bestimme ich nun mit über die Verwendung der erstreikten Mittel, ohne selbst einen Nachteil gegenüber denjenigen zu haben, die nicht Mitglied sind, aber ebenfalls von den Lohnerhöhungen profitieren.

Ein System, in dem die Solidarischen die Dummen waren, ist zu einem System geworden, in dem sie die Schlauen sind.

Ein System, in dem man zum eigenen Schaden anderen einen Vorteil verschafft hat, ist zu einem geworden, in dem sich Zusammenhalt für alle lohnt.

Der Egoismus der einzelnen Arbeitnehmerinnen und Arbeitnehmer und der Egoismus der Gewerkschaft sind zum Motor für mehr Zusammenhalt und mehr Gemeinschaft geworden.

Überall dort, wo sich die Beschäftigten gegen die Eigentümerinnen und Eigentümer von Unternehmen stark machen wollen, hilft dieses Modell der Selbstorganisation. Doch eines ändert auch diese Strategie nicht. Gewerkschaften verhandeln Arbeitsbedingungen und Gehälter für Arbeitnehmerinnen und Arbeitnehmer, aber von der Streichung von Jobs und der Automatisierung profitieren weiterhin nur die Eigentümerinnen und Eigentümer.

Das Ergebnis dieses einseitigen Vorteils der Besitzenden aus Effizienzsteigerung ist eine immer schneller werdende Vermögenskonzentration. Weil aber jede Konzentration von Vermögen auch immer eine Konzentration von Chancen bedeutet, muss man auch an die Frage der Vermögen heran.

Auf eines können Sie sich dabei verlassen: Wenn Sie Steuererhöhungen oder Enteignungen fordern, werden Sie immer politisch scheitern.

Denn für hohe Erbschaftssteuern finden sich nie politische Mehrheiten. Vermögenssteuern scheitern genauso. Der Wurm ist drin, wenn es um das Vermögen der Extremreichen geht. Denn wann immer man einen Vorschlag unterbreitet, dieses anzugreifen, erlebt man die geballte Macht, ihres Einflusses.

Aber auch schon bei kleineren Vermögen – zum Beispiel beim Eigentum einer einzigen kleinen Firma – sind viele Arbeitnehmerinnen und Arbeitnehmer nicht überzeugt davon, dass diese Eigentumsverhältnisse verändert werden sollten. Der Traum davon, dass alle alles besitzen sollen, ist ausgeträumt. Heutige Visionen drehen sich um Grundeinkommen. Sprich darum, dass jede und jeder ein bisschen Almosen abbekommt, statt an der Wertschöpfung ernsthaft teilzuhaben.

Insbesondere dort, wo sich die Rollen zwischen Vorgesetzten und Untergebenen im Gedanken vom Team aufgelöst haben, ist es besonders schwer zu vermitteln, warum man nun ausgerecht das eine vermögende Teammitglied angreift.

Man mag diese Hierarchieauflösung eine Scheinauflösung oder Illusion nennen. Ändert sie doch nichts an den grundlegenden Unterschieden zwischen Besitzenden und Angestellten, weil die einen zum Vorteil der anderen arbeiten. Dennoch kann diese Kritik nicht darüber hinwegtäuschen, dass die gefühlte Hierarchiefreiheit sich vielfach etabliert hat. Die Mehrheit profitiert von der herrschenden Ordnung zumindest so viel, dass sie deren Überwindung nicht mehr anstrebt.

Die Idee der Hierarchiefreiheit ist zu einem Zustand in den Köpfen junger Beschäftigter geworden, und damit ist der Arbeitskampf fast undenkbar in den neuen Formen des Zusammenarbeitens. Weil nun aber genau diese Arbeitsform für immer mehr Menschen Realität geworden ist, müssen wir uns noch auf weitere Art und Weise die Frage stellen, wie wir für eine Verbesserung der Lebensbedingungen Sorge tragen können.

Hier hilft es, einen besonderen, neuen Zusammenhalt innerhalb der Betriebe zu erkennen. Es ist der Zusammenhalt im Gewinnerzielungsinteresse zwischen Arbeitgebern und Arbeitnehmern. Die Angestellten betreiben Akquise für die Betriebe, in denen sie arbeiten. Sie setzen ihre persönlichen Kontakte ein für den Erfolg der Unternehmung. Sie fiebern mit um den nächsten Auftrag, und das nicht nur um ihretwillen, sondern auch aus Loyalität zum Unternehmen selbst.

Damit sind vor allem kleinere und mittlere Betriebe mit flachen Hierarchien und einer gepflegten Teamkultur der klassischen Konfrontation zwischen Chef und Angestellten entwachsen. Man schaut gemeinsam in die gleiche Richtung, statt grimmig in die Augen des anderen.

Einzig eines hat sich nicht geändert. Der Gewinn dieser neuen Kooperation bleibt allein den Besitzenden.

Wenn nun aber das Streben in einem Betrieb von Arbeitgebenden und Arbeitnehmenden in die gleiche Richtung weist, dann lohnt es sich, diesem Zusammenhalt auch eine neue gesetzliche Form zu geben. Es lohnt sich, den wirtschaftlichen Erfolg der Unternehmung zum wirtschaftlichen Erfolg aller Beteiligten zu machen.

Bei diesem Unterfangen sollte man sich nicht in Fantasien von Enteignung oder Kollektivierung verlieren. Linke Gespinste, für die es keine gesellschaftlichen Mehrheiten gibt. Stattdessen muss sich linke Politik fragen, welche Hebel sie ansetzen kann, um gleichermaßen den Erfolg solcher Unternehmungen zu befördern und die Verteilungsfrage trotzdem zu stellen.

Die Frage nach der Gewinnausschüttung in den Blick zu nehmen, scheint mir vernünftiger zu sein als alle Rufe nach höheren Unternehmenssteuern, für die sich meist keine Mehrheit findet, weil auch ein Großteil der Arbeitnehmer um das Wohl der »eigenen« Firma bangt.

Eines der zentralen Probleme unserer Gesellschaft ist das Auseinanderdriften von Arm und Reich. Wer besitzt, der kann den eigenen Besitz reinvestieren, und wer ein Unternehmen besitzt, profitiert eben von jeder einzelnen Arbeitskraft, die dort arbeitet. Ist man unternehmerisch geschickt, dann kann man ein faires Gehalt bezahlen und trotzdem das eigene Vermögen schneller aufbauen als jede angestellte Person im Betrieb.

Ändern wird sich das nur, wenn nicht nur die Eigentümerinnen und Eigentümer von Unternehmen an den Gewinnen beteiligt sind, sondern auch alle ihre Angestellten. Sprich, wenn über jedes Gehalt hinaus auch ein Anteil am Gewinn erworben wird. So, dass der Vermögensaufbau der breiten Masse eben nicht mehr nur abhängig ist vom erarbeiteten Gehalt aus eigener Tätigkeit, sondern eben auch vom Gewinn aus maschineller Fertigung.

Eine Politik, die den Arbeitnehmerinnen und Arbeitnehmern einen Anteil am Gewinn des Unternehmens verspricht, kann also zweierlei erreichen. Sie kann das egoistische Gewinnstreben des Einzelnen bedienen und gleichsam einen Beitrag dazu leisten, dass die Besitzverhältnisse in der Gesellschaft nicht immer schneller auseinanderdriften.

Allein, die richtige Konstruktion hierfür zu finden, ist nicht ganz einfach. Denn nicht umsonst steht jeder Gewinnchance des Unternehmers auch ein Verlustrisiko gegenüber. Nicht jedes Unternehmen macht Gewinn. Und Begeisterung dafür zu entfachen, dass nicht nur die Gewinne, sondern auch die Verluste fair verteilt werden zwischen Arbeitgebern und Arbeitnehmern, ist wohl zu viel verlangt.

Viel zu viele Menschen wählen bewusst die Rolle der abhängig Beschäftigten, weil sie die Risiken des Unternehmertums scheuen. Gleichzeitig muss nun aber die Übernahme des Risikos durch die Unternehmer diesen auch einen Vorteil verschaffen vor allen anderen. Warum sollte man sonst überhaupt noch diese riskante Rolle eingehen?

Versuchen wir es also wieder mit einer ehrlichen Gegenüberstellung der Interessen:

Arbeitnehmer: Ich hätte gerne mein Gehalt, kein Risiko und etwas ab vom Gewinn.

Unternehmer: Ich hätte gerne mein Gehalt, nehme Risiko in Kauf und will dafür auch einen Vorteil haben.

Die Lösung liegt im Zwischenspiel zwischen genau den beiden Interessen. Es gilt den Punkt im unternehmerischen Handeln zu finden, wo Gewinn garantiert und Verlust ausgeschlossen ist. Welcher Moment könnte das sein?

Gefunden werden kann dieser Punkt an der Grenze der Unternehmung. Genau dort, wo der Gewinn die Rechtsform des Unternehmens verlässt und Teil des Privatvermögens wird. Denn Gewinn aus einem Unternehmen können Sie nur dann entnehmen, wenn sie ihn betriebswirtschaftlich auch erwirtschaftet haben.

Sprich, in dem Moment, da Gesellschafter eines Unternehmens Gewinne entnehmen, ist garantiert, dass diese bereits erzielt wurden. Andernfalls ist eine Gewinnausschüttung gar nicht möglich.

Klinkt man sich genau hier ein, können die Interessen von Arbeitgeber und Arbeitnehmer gegeneinander geschickt ausgeglichen werden. Zum Beispiel so: Jeder Gewinn, der an die Gesellschafter ausgeschüttet wird, muss in gleicher Höhe auch an das Kollektiv aller Beschäftigten im Unternehmen ausgeschüttet werden und unter diesen gleichmäßig verteilt werden.

Das würde bedeuten, dass eine Gesellschaft, die 50.000 Euro Gewinn insgesamt ausschütten möchte, 25.000 Euro an die

Gesellschafterinnen und Gesellschafter und 25.000 Euro an alle Beschäftigten ausschütten würde.

Die einzelnen Gesellschafterinnen und Gesellschafter hätten dabei noch immer den Vorteil, ihre Hälfte nur und ausschließlich mit Ko-Gesellschafterinnen und Ko-Gesellschaftern teilen zu müssen. Wenn diese selbst im Unternehmen tätig sind, zählen sie gleichzeitig auch zu den Beschäftigten und bekommen dabei auch aus der anderen Hälfte der Ausschüttung etwas ab. Die Unternehmer hätten also für ihr Risiko tatsächlich noch immer mehr vom Gewinn, weil sie ihn mit weniger Menschen teilen müssten. Auf der Seite der Arbeitnehmer hätten alle einen kleinen Anteil an der Hälfte des ausgeschütteten Gewinns und würden mitprofitieren von der gesamten Kraft – also auch der maschinellen – des Unternehmens.

Ich rechne es Ihnen am Beispiel eines sehr kleinen Betriebs mit einer Eigentümerin und einem Angestellten vor. Sagen wir, es handle sich um einen kleinen Verlag. Die Verlegerin verdient ein Drittel mehr Gehalt als ihr Angestellter. Der Verlag erwirtschaftet 10.000 Euro Gewinn am Ende des Jahres und die Verlegerin möchte diesen Gewinn ausschütten.

Dann erhält im hier vorgeschlagenen Modell die Verlegerin 5.000 Euro als Gesellschafterin.

Die Gesamtzahl aller Beschäftigten – also die Verlegerin und ihr Angestellter – erhalten zusammen ebenfalls 5.000 Euro. Die Verlegerin als Beschäftigte 2.500 Euro und der Angestellte 2.500 Euro.

Die Verlegerin hätte also 7.500 Euro und ihr Angestellter 2.500 Euro von der Gewinnausschüttung vor Steuern erhalten.

Die Verlegerin erhält also mehr für ihr Risiko und dennoch partizipiert auch ihr Angestellter, der den Erfolg des kleinen Verlages wesentlich mitträgt.

Auf solche Weise wird sichergestellt, dass die Profite, wenn sie im Unternehmen verbleiben, unbehelligt sind und erst dann geteilt werden müssen, wenn sie dem Unternehmen entnommen werden.

Ein Mechanismus, der Unternehmen vor dem Ruin bewahrt, Arbeitnehmer vor der Verantwortung, die sie nicht wollen, und Unternehmern noch immer einen Vorteil gewährt, ohne diesen ausschließlich und allein zu haben.

Eine linke Politik, die diesen Ansatz verfolgt, ist auf einen Schlag wesentlich attraktiver als die altbekannte, die bezogen auf die auseinanderdriftende Schere von Arm und Reich nur stets auf die Option immer höherer Steuern für die Reichen verweist und dabei auf dramatische Weise verkennt, dass sie mit dieser Politik keine Begeisterung entfachen kann, weil die Steuern eben nicht direkt bei den Angestellten landen, sondern in einem Staatshaushalt. Dessen indirekte Wirkung kommt - das ist unstrittig - allen zugute, aber sonderlich überzeugend ist diese Wirkung um die Ecke trotzdem nicht. Viel spannender ist eine Politik, die verspricht, dass über mein Gehalt hinaus eine Teilhabe am ausgeschütteten Gewinn möglich wird.

Noch dazu hätte diese Politik einen großen Vorteil. Anders als Steuern auf Unternehmensgewinne, die einen Standortnachteil zur Folge haben, bedingt eine solche geteilte Ausschüttung eine Unterstützung des Zusammenhalts zwischen Arbeitnehmern und Arbeitgebern in neuen Arbeitsformen. Man will gemeinsam erfolgreich sein, man will gemeinsam Gewinn erwirtschaften. Man will gemeinsam Gewinn ausschütten, weil man auch gemeinsam davon profitiert. Ein Schub an Wettbewerbsfreude und Schaffenskraft.

Aus Egoismus wird Zusammenhalt. Es entsteht Gewinn für alle.

Ein Beispiel, das zeigt, dass man durch Justierungen an den Rahmenbedingungen durchaus etwas verändern kann. Man kann die Spielregeln so ändern, dass die Formel stimmt: Wir wollen, dass Du für deinen Vorteil niemandem schaden musst.

Nun stellen Sie sich vor, sehr viele Menschen würden das Wirtschaften so in unserer Gesellschaft erleben, dass sie gemeinsam ihre Interessen organisieren können, ohne immer draufzuzahlen. Dass sie profitieren vom Profit der eigenen Firma. Dass sie alle miteinander eine Schicksalsgemeinschaft bilden, die gemeinsame Ziele hat, statt konkurrierende.

Es wäre eine erste Neuprägung unserer Gedankenwelt gelungen. Wir würden wieder lernen, dass es nicht immer nur die Ellenbogen für das eigene Vorankommen braucht, und wir würden dieses Wissen unseren Kindern vermitteln. Wir würden begreifen, dass es hilft, den anderen mitzudenken und mit dem Gegenüber gemeinsam etwas zu erreichen, das uns beiden großen Vorteil verspricht. Ein Wissen, das neue Gemeinschaft hervorbringt, ohne sie mit neuer Autorität und Gewalt durchsetzen und ewigen Moralappellen beschwören zu müssen.

Wohnen

Die Idee, den eigenen Vorteil finden zu können, ohne anderen schaden zu müssen, ist gut. Aber funktioniert sie auch in Bereichen des Wirtschaftslebens, in denen wir uns gar nicht gemeinsam organisieren können, sondern zwangsläufig miteinander konkurrieren?

Wie ist es um jene Situation vom Anfang dieses Buches bestellt, als sich viele Interessentinnen und Interessenten um die gleiche Wohnung beworben haben. Hier gibt es nichts zu teilen, sondern nur das Prinzip »The winner takes it all.« – »Der Sieger bekommt alles.«

Spätestens hier wird doch dieser charmante Gedanke, dass der Gewinn des Einzelnen zum Gewinn für alle werden kann, an seine Grenzen stoßen. Oberflächlich betrachtet stimmt das auch. Denn wer nur auf die eine Wohnung schaut, wird das Problem niemals zur Zufriedenheit aller lösen.

Zu viele aber, die auf das gesamte System schauen, verlieren sich allzu schnell in der Utopie vom Systemwechsel. Der Kapitalismus müsse überwunden werden, rufen sie laut aus, ohne zu sehen, dass unsere Wirtschaftsform auch ihre Vorteile hat. Nämlich, dass sie Wohlstand für sehr viele Menschen geschaffen hat.

Dazu kommt, dass die Reden von der alternativen Wirtschaftsform eine wundervolle Abendbeschäftigung in jedem sozialistischen Salon sind, aber mit realer gesellschaftlicher Veränderung kein bisschen zu tun haben. Es gibt nicht im Ansatz einen Willen in unserer Bevölkerung zur Revolution gegen die herrschende Wirtschaftsweise. Gerade die Ärmsten in unserer Gesellschaft sind besonders wettbewerbsorientiert. Wie sollte es auch anders sein – erleben sie doch seit Jahr und Tag, dass sie immer in Konkurrenz zu anderen stehen.

Man kann nun jahrelang darüber philosophieren, dass doch eine insgesamt andere Ordnung denkbar wäre, aber verändern wird das noch lange nichts. Denn eine Ordnung lässt sich nur überwinden, wenn die Mehrzahl aller in der bestehenden Ordnung zu den Verlierern zählt. Das ist mitnichten in unserer Gesellschaft der Fall. 40 Prozent der Bevölkerung sind weitgehend chancenlos, aber 60 Prozent gehören zu den Profiteuren. Wie soll da eine Mehrheit für einen Systemwechsel zu Stande kommen?

Wer also kritisch auf unsere Wirtschaftsform schaut, darf sich nicht in der Illusion des Systemwechsels verlieren. Oder genauer gesagt: Wer ständig vom Systemwechsel spricht, vergeudet Kraft, die in kritischen Perspektiven innerhalb der bestehenden Systembedingungen besser aufgehoben wäre.

Die bequemste Position ist es, die bestehende Ordnung schlicht als gegeben zu betrachten. Das Ergebnis keiner Veränderung ist die ständige Wiederholung der immer gleichen Situation. Also: eine Schlange von Menschen vor jeder Wohnung, die zur Vermietung steht, und kein Ende in Sicht.

Aber um die Fundamentalkritik ist es nicht sehr viel besser bestellt. Sie ist zwar ambitionierter im Denken als die Kritiklosigkeit, aber genauso ambitionslos in der Realisation. Denn wenn man, wie so oft, das Gesamtsystem nicht verändern kann und dann schmollend in der Ecke sitzt, hat man die Probleme derjenigen, die für eine Wohnung anstehen, noch lange nicht gelöst.

Außerdem lehrt uns die historische Erfahrung, dass in radikal neuen Wirtschaftssystemen die Schlangen vor Wohnungen meist länger statt kürzer werden.

Die in unserem Sinne spannendste Kritik an der herrschenden Ordnung, versucht also zu verstehen, wo die Konkurrenzen und die draus erwachsenden Ungerechtigkeiten im System liegen und arbeitet daran, durch Justierungen eine bessere Gesellschaft zu bedingen, anstatt sie komplett ändern zu wollen.

Systemisch denken statt revolutionär.

Also zurück zum Mietmarkt und seinen langen Schlangen. Warum gibt es so wenige Wohnungen, und warum sind die Mieten so hoch? Die Knappheit von Wohnraum in den Metropolen ist das Ergebnis von Binnenmigration innerhalb Deutschlands und der europäischen und internationalen Niedrigzinspolitik, die in der aktuellen wirtschaftlich wackeligen Lage kaum geändert werden kann.

Der Druck auf dem Wohnungsmarkt entsteht durch Menschen, die verwaiste Gebiete der Bundesrepublik verlassen, die der vielerorts grassierenden Attraktionslosigkeit des ländlichen Raums entfliehen, um in den Großstädten zu leben. Er entsteht dadurch, dass die Zahl und Geschwindigkeit derjenigen, die das Land verlassen, das Tempo und die Kapazität der Bautätigkeit in den Metropolen weit übersteigt.

Neben dieser Bewegung vieler Menschen in die Städte hinein gibt es noch einen weiteren Preistreiber auf dem Wohnungsmarkt. Aufgrund der Niedrigzinspolitik findet man kaum noch attraktive Kapitalanlagemöglichkeiten. Da aber Anlegerinnen und Anleger den eigenen Vorteil suchen, müssen sie irgendwo investieren können. Dementsprechend drückt das Großkapital in den Boden- und Immobilienmarkt und treibt damit die Preise in die Höhe.

Diejenigen, die ungern Probleme in ihrer Tiefe analysieren und stattdessen lieber radikalen Lösungen anhängen, fabulieren nun von der Enteignung von großen Wohnungsgesellschaften. Man möchte sich all der Wohnungen, deren Mieten steigen und steigen, bemächtigen, um dann als Staat auszuschließen, diese Mieten zu erhöhen.

Wird sich dadurch etwas ändern? Werden dann nicht wieder mehrere Menschen Schlange stehen, um eine dieser

Wohnungen zu bekommen und wird man sie am Ende nicht wieder an diejenigen vergeben, bei denen das Risiko des Mietausfalls geringer ist?

Unter den bestehenden Systembedingungen ist diese Enteignungsstrategie alles andere als klug. Eine Enteignung ist im Rahmen unserer Verfassung nur und ausschließlich unter der Bedingung einer vollumfänglichen Entschädigung möglich.

In der Konsequenz bedeutet das, dass gerade jetzt, da die Immobilienpreise besonders hoch sind, der Staat Schulden aufnehmen müsste, um Wohnungen im großen Stil zu horrenden Preisen aufzukaufen. Damit trägt die öffentliche Hand in der Folge die Zins- und Erhaltungslast der erworbenen Immobilien und muss diese aus Mieteinnahmen decken. Wie wahrscheinlich ist es, dass ein Akteur – und sei es der Staat –, der den Kauf von Immobilien zu 100 Prozent am Kapitalmarkt finanzieren muss, die Mieten zur Tilgung dieser Investition nicht erhöht?

Gleichzeitig hat man durch dieses entschädigte Enteignungsmanöver gerade die Investoren, die schon jetzt mangels anderer Anlagemöglichkeiten in den Wohnungsmarkt drängen mit extremen Mengen an flüssigem Kapital versorgt. Worin werden diese ihr frisches Kapital investieren? – Wohl in die Entwicklung neuer Wohnquartiere, die dann zu neuen noch höheren Mietpreisen pro Quadratmeter auf den Mietmarkt geworfen werden. In der Konsequenz zieht der Mietspiegel insgesamt an und auch die soeben in Staatshand gebrachten Wohnungen werden sich an diesen erhöhten Mietspiegel anpassen.

Der Mensch ist ein Egoist, und zu glauben, man könnte nun ausgerechnet diejenigen, die das große Kapital haben, aus dem Wohnungsmarkt heraushalten, ist eine Illusion.

Also stellt sich doch die Frage, wie man Investitionen in den Wohnungsmarkt gestalten muss, damit sie nicht nur zum Vorteil weniger gereichen, sondern zum Vorteil aller werden.

Deshalb ist jede Strategie, die darauf zielt, den noch nicht bebauten Grund und Boden in öffentliche Hand zu bringen und zu halten, klüger als jedwede Enteignungsfantasie. Deshalb ist es klüger, wenn Städte selbst bauen, anstatt Wohnungen aufzukaufen. Deshalb ist es klüger, Baugenehmigungen nur zu erteilen, wenn auch ein Anteil sozialen Wohnungsbaus garantiert wird. Städte, die diese Strategie verfolgen, erzielen echte Erfolge dabei, steigende Mieten einzudämmen. Sie widmen Land unter der Bedingung in Bauland um, dass sie dieses Land selbst erwerben. Sie minimieren den dauerhaften Verkauf von Grund und Boden, sondern erlauben vor allem dessen Anmietung oder Pacht durch Investoren. Sie zwingen die Bauherren dazu, ihren Vorteil mit Rücksicht auf das Gemeinwohl zu suchen.

Bezogen auf die steigenden Mieten ist allerdings über den Boden hinaus noch ein zweiter Faktor von Interesse. Mieten können nur so lange steigen, wie sich Menschen finden, die die steigenden Mieten zu finanzieren bereit sind. Nur solange Menschen, die viel verdienen, zur Miete wohnen, können Mieten von 20 Euro pro Quadratmeter aufgerufen werden.

Und genau hier liegt der Schlüssel zu unserer Anfangssituation: Warum stehen Gutverdiener in der Schlange potenzieller Mieter überhaupt an und stechen dort andere aus?

Noch vor wenigen Jahrzehnten spielten diese Gutverdienerinnen und Gutverdiener auf dem Mietmarkt nur eine geringe Rolle. Denn sie konnten von ihren Gehältern problemlos ein Eigenheim finanzieren. Heute ist das nur noch schwer möglich, weil die Bodenpreise wahnsinnig in die Höhe geschossen sind. Durch das Drängen von Großinvestoren in den Wohnungsmarkt steigen die Immobilienpreise schneller als die Mieten, und damit schafft es ein großer Teil der gut verdienenden deutschen Mittelschicht nicht mehr, sich Eigentum zu leisten.

Damit gibt es aber auch eine große Zahl von zahlungskräftigen Mieterinnen und Mietern, die in der Lage sind, immer weiter steigende Mieten zu tragen.

Wer also marktkritisch sein will, sollte nicht fordern, Wohnungen zu extremen Entschädigungspreisen zu verstaatlichen, sondern sich mit der Frage beschäftigen, wie die zahlungskräftigen Mieterinnen und Mieter aus dem Mietmarkt aussteigen können, sodass sich niemand mehr findet, der 20 Euro für einen Quadratmeter bezahlt. Denn wo ein Preis auf dem Markt nicht mehr bezahlt wird, da sinkt er auch.

Eine kluge gesamtgesellschaftliche Strategie auf dem Wohnungsmarkt zielt demnach darauf, den egoistischen Traum der breiten Mitte vom Eigenheim zu erfüllen. Wer sich selbst eine Wohnung kauft, handelt im eigenen Interesse, aber eben auch im Interesse aller anderen. Denn wer nicht mehr zur Miete wohnt, konkurriert auch nicht mehr auf dem Mietmarkt. Gelingen kann das, indem Städte, anstatt für Enteignungen zu zahlen, selbst Wohngebiete entwickeln und die Wohnungen ausschließlich an Personen veräußern, die die erste Wohnung ihres Lebens kaufen und garantieren, diese selbst zu bewohnen.

So wird der egoistische Traum des Einzelnen von den eigenen vier Wänden zu einem Gewinn für die gesamte Gesellschaft. Der Mietmarkt entspannt sich mangels zahlungskräftiger Mieterinnen und Mieter.

Dazu ergibt sich gleich noch ein Nebeneffekt in einer Frage, auf die wir schon so lange keine Antwort finden. Nämlich die, wie wir dafür sorgen können, dass der Abstand der Reichen zu allen anderen nicht immer schneller wächst. Denn zu mieten bedeutet im Kern, dass diejenigen, die über weniger Kapital verfügen als andere, einen Teil ihres hart erarbeiteten Gehalts monatlich an andere abgeben, die bereits über mehr Vermögen verfügen. Damit ist die Miete an sich immer eine Umverteilung von den weniger Besitzenden hin zu den Vermögenden.

Wenn die gesellschaftliche Spaltung in Deutschland geringer werden soll, muss der Anteil derjenigen, die für das eigene Vermögen arbeiten, statt für das Vermögen der anderen, wieder steigen. Weil Einzelanlegerinnen und Einzelanleger aber kaum eine Chance haben, einen institutionellen Anleger beim Wohnungskauf zu überbieten, braucht es geschützte Marktsegmente, die ausschließlich Einzelkäuferinnen und Einzelkäufern zugänglich sind.

Für die gesamte Gesellschaft hat dieser Ansatz noch weitergehende Vorteile. Wer ein mittleres Gehalt in Deutschland verdient, hat ein Rentenproblem. Wer im Alter von der Rente keine Miete mehr bezahlen muss, weil im Erwerbsleben ein Eigenheim erworben wurde, gerät nicht so schnell in Altersarmut.

Gleichzeitig bedeutet eine große Zahl von Eigenheimbesitzenden auch, dass die Kapitalkonzentration verlangsamt wird. Denn gerade die besonders Vermögenden profitieren besonders stark davon, dass große Teile der Mittelschicht gewichtige Teile ihres monatlichen Einkommens nicht in eigenes Vermögen investieren, sondern in das Vermögen ihrer Vermieterinnen und Vermieter.

Sie sehen und es mag Sie überraschen: Die Förderung der Mittelschicht bei ihrem Traum vom Eigenheim ist das, was der alleinerziehenden Mutter mit den drei Kindern in der Schlange wirklich hilft. Denn erst, wenn vor und hinter ihr in der Schlange keine Gutverdiener mehr stehen, hat sie eine realistische Chance, die Wohnung auch zu bekommen.

Eine solche Politik kann Mehrheiten erringen, weil sie der Mitte hilft, ihren Traum zu verwirklichen, und denjenigen, die sich keine Wohnungen kaufen können, nicht mehr mit den anderen konkurrieren zu müssen. Der egoistische Wunsch nach dem Eigenheim der einen wird zur Mietsenkung für diejenigen, die sich keines leisten können.

Wieder einmal hätten wir gelernt, dass unser Gewinnstreben nicht nur zum Nachteil aller anderen sein muss. Wir könnten lernen, dass unser Wunsch nach Glück das Glück für andere genauso bringt.

Wir brauchen nicht die Gewalt der Enteignung und müssen uns nicht moralisch empören über diejenigen, die nach Gewinn streben. Wir können einen Weg dazwischen gehen.

Bildung

Wenn Menschen sich nicht länger nur in Konkurrenz zu anderen denken sollen, sondern den Gedanken verinnerlichen, dass der Egoismus des Einzelnen auch zum Wohl des anderen gebraucht werden kann, dann darf man nicht erst im Arbeits- und Wirtschaftsleben damit beginnen.

Selbstverständlich kann man diese Perspektive im Leben erlernen, aber nichts ist wirksamer, als sie von Anfang an als Realität zu erfahren. Deshalb lohnt der Blick gerade auf die Kindheit und die Bildungswege, die wir gehen.

Bei Kindern können Sie beides beobachten. Den puren, ausschließlich ichbezogenen Egoismus wie das liebevolle Teilen.

Wenn, wie mir eine Freundin neulich mit einiger Fassungslosigkeit berichtete, ihre zwei Kinder in vollkommener Konkurrenz zueinander mit dem Lineal vor zwei Kuchenstücken standen, um zu bestimmen welches das größere ist, nur um sich danach darum zu streiten, wer das größere bekommt, dann ist das Ausdruck jener menschlichen Ureigenschaft des Egoismus. Ich will das größere Stück.

Machen wir uns nichts vor. Auch wenn wir jetzt gerade denken, was sind denn das bitte für Kinder, müssen wir doch ehrlich zugeben, das hätten auch wir selbst sein können. Ein jeder erinnert sich doch an den Streit um das Beste mit den eigenen Geschwistern oder mit anderen Kindern.

Dennoch, Kinder können durchaus miteinander teilen, weil sie wollen, dass auch ihr Gegenüber sie liebt. Sie tun es zwar unter Zögern und einigem Abwägen, aber irgendwann stehen sie vor Dir und bieten Dir eines ihrer fünf Bonbons aus Freundschaft an. Solange sie selbst vier behalten dürfen, fällt das Teilen nicht so schwer.

In diesem Beispiel drückt sich genau dieses Prinzip vom Gewinn für sich aus, der auch zum Vorteil des anderen wird. Ein Kind, das ein Bonbon abgibt und vier behält, gewinnt durch dieses Geschenk vielleicht einen Freund und kann dennoch sich selbst mit gutem Gewissen sagen, den eigenen Vorteil gewahrt zu haben.

Für die weitere Entwicklung all dieser Kinder stellt sich also die Frage, welcher Impuls in der Kindheit gefördert wird: der, das Kuchenstück um des eigenen Vorteils willen zu vermessen, oder aber freiwillig und mit gutem Gefühl, ein Bonbon für das bessere Miteinander abzugeben.

Ein großer Teil dieser Frage entscheidet sich in der Familie, aber diese ist nicht der einzige Ort, an dem gelernt wird. Auch andere Strukturen entscheiden über die Art und Weise, wie Kinder miteinander umgehen. Überall dort, wo sie zusammenkommen, wo sie Gruppe werden, in Kita und Schule wird ihre Gedankenwelt vom Miteinander geprägt.

Ob man geschlagen oder gemobbt, ob man geliebt und gelobt, ermahnt oder abgewertet wird. Das prägt den weiteren Lebensweg, und damit auch das gesamte daraus entwickelte Gesellschaftsbild.

Dabei macht es einen Unterschied, ob das beste Kind ein Bonbon als Belohnung für die eigene Leistung bekommt, oder ob das Kind, das sich am meisten anstrengte, fünf Bonbons nur unter der Bedingung erhält, vier von diesen an andere Kinder abzugeben. Es ist der Unterschied zwischen einem Egoismus, der sich nur um sich selber dreht, und einem Egoismus, der auch das Gegenüber einbezieht.

Dieses materielle Beispiel von den Bonbons ist ein treffliches. Denn es ist eine der großen Illusionen unserer Zeit, dass der Materialismus nicht länger ein zentraler Antrieb des Menschen sei. Insbesondere die gebildeten Schichten unserer Gesellschaft haben sich selbst eingeredet, dass sie besonders achtsam leben und dem Geist Vorrang vor allen materiellen Statussymbolen einräumen. Ein Selbstbetrug.

Just jene Gruppen bewohnen die größten Wohnungen, fliegen häufiger als alle anderen in den Urlaub, bereisen die Welt, gehen ständig in Restaurants essen und lassen sich ihre besonderen Früchte aus fernen Kontinenten nach Deutschland transportieren.

Dennoch, die Rede vom Konsumverzicht hat besonders in höher gebildeten Kreisen Konjunktur. Gerade diejenigen

Gruppen mit der schlimmsten Ökobilanz belehren alle anderen, dass sie lernen müssen, zu verzichten.

Man könnte lange über diese Haltung moralisieren. Ich könnte mich empören, über diese Selbstgerechtigkeit, wie es immer wieder in so vielen Zeitungsartikeln passiert und wirkungslos verhallt. Es ist viel zu attraktiv, sich selbst besser zu fühlen, als dass man bereit wäre, die Inkonsistenz der eigenen Position kritisch zu durchleuchten. Da wird lieber darauf verwiesen, dass man ja auf ein Auto verzichte, anstatt sich kritisch mit der Menge an Quadratmetern zu beschäftigen, die man bewohnt. Da wird lieber von jungen Menschen darauf verwiesen, wie oft man auf das Fliegen schon verzichtet habe, ohne sich zu fragen, warum man trotz dieses Verzichts noch immer zusammengerechnet in seinem jungen Leben schon häufiger geflogen ist als die meisten älteren Menschen in unserer Gesellschaft in ihrem ganzen Leben.

Es hilft nicht weiter, die Übermoralisierung mit Gegenmoralisierung zu bekämpfen. Es gilt zu verstehen, was genau diese Rede von der moralischen Verantwortung bedingt. Sie ist ein Statussymbol. Sie ist der Selbstausdruck einer gut gebildeten Elite in unserer Gesellschaft, die sich durch das Zelebrieren ihrer moralischen Sätze ihrer eigenen gesellschaftlichen Position versichert.

Gefördert wird diese Überheblichkeit durch inszenierte zelebrierte Konsumzurückhaltung, durch all das Lehrpersonal, das selbst gut versorgt mit gutem Gehalt stets besonders lobt, wenn ein Kind sich für ein Buch statt für ein Auto interessiert.

Wohlgemerkt ohne darüber nachzudenken, ob das Kind begriffen hat, dass die einen Eltern stolz auf die Bücherwand im Wohnzimmer sind und die anderen auf den hart ersparten Wagen vor der Tür. Das eine Kind trifft nicht die bessere Wahl als das andere, sie beide gieren ganz materialistisch nach den von ihren Eltern für wichtig befundenen Geständen. Nur das eine Kind erfährt dafür Lob und das andere nur Kopfschütteln.

Dabei ist das Buch als Statussymbol artverwandt mit vielen anderen, wesentlich schlechter getarnten Formen des Materialismus. Die Bücherwand ist nichts anderes als der Traum des Prolls vom Porsche. Der will das größte, schnellste, lauteste Auto haben, um Anerkennung durch andere zu erfahren. Der Postmaterialist will zeigen, wie belesen er ist.

Peinlich aufgefallen ist mir diese Perspektive an mir selbst. Natürlich – Sie können es sich denken – habe auch ich ein Bücherregal in meinem Wohnzimmer. Als ein Freund mit Realschulabschluss und Buchhaltungsjob, ein stolzer Autobesitzer das erste Mal zu mir zu Besuch kam, war sein erster Satz, »Ach, war ja klar, dass du so einer mit Büchern im Zimmer bist.« Sofort hatte er die Art meines Materialismus erkannt, genau, wie ich seinen im neu gekauften Auto erkenne.

Der Ausdruck des eigenen Egos hat sich in Art und Weise, wie wir es zum Ausdruck bringen, diversifiziert. Mein Stolz ist, was ich gelesen habe, und sein Stolz ist, was er sich finanziert hat. Nur eines unterscheidet uns beide: Mein Statusstreben durch Lesen und Lernen, meine zweireihig bestückte Bücherwand mit Gesamtkosten in Höhe eines Kleinwagens erfährt die Wertschätzung jener, die die Noten in unserer Gesellschaft verteilen. Sein Traum vom eigenen Auto bleibt immer ein wahrgenommenes Defizit.

Im Kern bleibt unser beider Antrieb gleich. Es geht um das Sein durch Haben. Bücherwand oder Autoschlüssel –

wer besitzt, besitzt auch Status. Dies endlich wieder offen zu benennen, kann ein Schlüssel dazu werden, die betonierten Grenzen zwischen den gesellschaftlichen Schichten endlich aufzubrechen. Ein Schlüssel zu mehr Bildungserfolg und Miteinander.

Denn es ist eines der großen Dramen unserer deutschen Gesellschaft, dass bei uns mehr als in fast allen anderen Ländern der westlichen Welt das Elternhaus über den Bildungserfolg des Kindes entscheidet.

Nutzen wir doch den natürlichen Egoismus eines jeden Kindes als Antrieb für den Bildungserfolg. Lassen wir jedes Grundschulkind seinen materiellen Traum malen und ins Klassenzimmer hängen – wertungsfrei. Das Bild vom Porsche hängt neben der Zeichnung von der Bücherwand, das Prinzessinnenschloss neben dem Fußballstar, das iPhone-Bild neben dem LKW.

Egal, wovon ein Kind träumt, die Antwort bleibt sich doch gleich: Wenn Du diesen Traum erreichen willst, dann lerne! Wenn Du Deine Eltern stolz machen willst, dann lerne!

So richten wir den Materialismus aller Kinder endlich auf den Bildungserfolg aus, statt immer nur die Statussymbole der Gebildeten zu loben. Denn die Konsequenz ist bitter. Wer wohlhabende und gebildete Eltern hat, hat in Deutschland auch als Kind Erfolg. Wer in ärmeren und ungebildeteren Elternhäusern aufwächst, dessen Chancen auf einen Aufstieg sind von Anfang an viel geringer.

Es gibt viele Gründe für diese verminderten Aufstiegschancen. Es beginnt bei zu kleinen und zu lauten Wohnungen, in denen es sich schlecht lernen lässt, und geht weiter mit dem Unvermögen schlecht gebildeter Eltern, ihren Kindern durch den Schulalltag zu helfen. Aber mit am schwersten wiegt, dass die Kinder aus bildungsferneren Elternhäusern häufig für gleiche Leistung schlechter beurteilt werden als Kinder, deren Eltern bereits eine Bildungskarriere hinter sich haben. In ihnen wird nur der scheinbar unzureichende Traum vom Auto erkannt, in den anderen Kinderaugen funkelt der Traum der Bücherwand, die auch die Lehrenden zuhause haben.

Allein diese kleine Änderung, die Bildung frei zu machen von der Konsumkritik, mag Kindern neue Anreize geben zu lernen und damit uns allen zum Vorteil gereichen. Denn viele gut ausgebildete junge Menschen sind das, was unsere gesamte Wirtschaft braucht.

Dennoch ist dies nur der erste Schritt. Auf die Anerkennung eines jeden egoistischen Materialismus muss seine systemische Einbettung erfolgen. Wie wird das Gewinnstreben des Einzelnen zum Vorteil aller?

Im Kern dadurch, dass nicht nur die eigene Leistung als Bewertung zählt, sondern auch die Leistung meines direkten Gegenübers. Die gute alte Klassengemeinschaftsnote hat ihre Berechtigung. Nicht nur das Individuum muss bewertet werden, sondern auch das Zusammenspiel der Gruppe.

Eine durchaus realistische Vorbereitung auf die Zukunft. Denn auch im Beruf wird nicht nur die Einzelleistung zur Bewertung herangeführt, sondern eben auch das Ergebnis eines ganzen Teams. Macht nur eine einen guten Job und alle anderen nicht, dann wird jede Kundin am Ende zu dem Schluss kommen, dass die Leistung des Teams insgesamt nicht ausreichend war.

Demnach muss auch das Miteinander wieder etwas zählen. Ein Zeugnis, das sich zusammensetzt aus der individuellen Leistung des einzelnen Kindes und dem kollektiven

Zusammenhalt aller Kinder in der Klasse. – Wohlgemerkt keine Durchschnittsnote aller Noten in der Klasse. – Kinder sind unterschiedlich leistungsfähig, und es geht nicht darum, diese Unterschiede zu ignorieren. Sondern vielmehr um eine Note für die Hilfsbereitschaft untereinander. Je mehr man in der Klasse einander hilft, je solidarischer man miteinander umgeht, desto besser wird der individuelle Abschlussschnitt eines jeden Kindes.

Ein Modell des neuen Miteinanders, in dem der Egoismus des Einzelnen, der Wille zur guten Schulnote, der Wille zum guten Abschluss nur herzustellen ist durch eigene Leistung gepaart mit der Kooperation mit anderen. Das fördert genau das, was es später wirklich im Leben braucht. Leistungswillen und Kooperationsbereitschaft.

Ein weiterer Baustein, um von Kindestagen an zu lernen, dass das eigene Lebensglück nur zusammen mit dem Glück des anderen zu finden ist.

Ökologie

Den Materialismus der Kinder, wie eben beschrieben, zum Antrieb für ihren Bildungserfolg zu nutzen, wirft automatisch die Frage nach unserer Verantwortung für die Umwelt auf. Wir können unsere Welt nicht mit immer mehr gefördertem Raubbau an unseren Ressourcen und der Umwelt belasten. Wir können Jugendliche nicht zum Konsum erziehen, wenn die Konsequenz dieses Konsums der Verlust unserer gemeinsamen Lebensgrundlage ist.

In der Ökologie kommen sich das egoistische Interesse nach dem heutigen Haben und das zukünftige Sein in die Quere.

Aber hier hilft es, schlicht die Realität zu sehen, wie sie ist. Wir hatten nie Erfolg mit der Konsumkritik. Wir haben nur erreicht, dass gebildete Schichten sie formulieren, aber eben nicht, dass ihr ökologischer Fußabdruck daraus folgend kleiner wird als der der schlechter Gebildeten. Bildung hat einen Zusammenhang mit Umweltzerstörung. Je besser gebildet und je höher das Einkommen, desto größer der negative Einfluss auf die Umwelt durch den Einzelnen.

Sprich: All unser Gerede über die Nachhaltigkeit, all diese moralinsauren Abwertungen der Konsumwünsche von Kindern aus bildungsfernen Familien, hat nicht bedingt, dass es unserem Planeten besser geht. Es hat nur die Grenzen zwischen den gesellschaftlichen Schichten zementiert.

Der Grund für dieses Scheitern ist, dass die Ideologie des Postmaterialismus nicht anerkennt, dass der Mensch in seinem Innern einen egoistischen Antrieb hat. Er hofft darauf, dass der Mensch ein anderer sein könnte, als er ist. Aber schauen Sie sich Geschwisterkinder an. Wenn es zwei Kuchenstücke gibt, dann streiten sich beide aufs Heftigste, um jeweils das größere zu ergattern. Selbst ganz kleine Kinder schreien schon: »Das ist meins!« – Der Mensch ist durch und durch ein Materialist.

Will man nun also beides erreichen und den Konsumwunsch aller Kinder und Jugendlichen als Antrieb für den Bildungserfolg nutzen und gleichzeitig die Zerstörung unserer Umwelt verhindern, dann muss man nicht dem Einzelnen mit Moral begegnen, sondern den Konsumwunsch entproblematisieren.

Diese Perspektive ist eine, die bereits einmal entwickelt wurde, die in unserer Gesellschaft aber noch viel zu wenig diskutiert wird. Wir verknüpfen den Umweltschutz stets mit der Idee vom Verzicht statt mit der Idee von wachsendem Konsum, weil wir glauben, dass alles, was konsumiert wird, automatisch schaden würde.

Nutzt man allerdings die Strategie des sogenannten »cradle to cradle«, lässt sich exzessiver Konsum – so wie ihn Menschen lieben und wie er Menschen antreibt – verbinden mit einer Umweltschutzstrategie. Denn das »cradle-to-cradle«-Prinzip besagt nichts anderes, als dass alle Stoffe, die in einem Produkt Verwendung finden, recycelbar sein müssen. Das bezieht sich nicht nur auf Offensichtliches wie Kaffeebecher, sondern auch auf Details wie den Abrieb von Schuhsohlen.

Wenn man mit einem Schuh durch die Stadt geht, dann wird bei jedem Schritt eine kleine Menge der Schuhsohle abgerieben. Alle diese kleinen Partikel können nicht gesammelt werden, sie geraten in die Umwelt. Sind diese aus Plastik gefertigt, werden diese kleinen Partikel für viele tausend Jahre unsere Umwelt belasten. Sind sie allerdings aus einem Stoff gefertigt, der sich kompostieren lässt, werden sie im Lauf der Zeit schlicht wieder zu Erde.

Die gesamte Idee des »cradle to cradle« ist also ein erfrischend moralfreier Ansatz, er richtet sich auf die Umstellung der Produktionsverfahren und nicht auf das Einhegen der Konsumwünsche. Das Ziel ist es, alle Werkstoffe, die wir heute nutzen, so zu verändern, dass diese kompostiert, wiederverwertet und neu in den Konsumkreislauf integriert werden können. So ließe sich ein ganzer Konsumtempel betreiben, in dem Menschen im Kaufrausch ihren Materialismus ausleben, ohne der Umwelt zu schaden.

Ein Ansatz, der besonders auch dadurch überzeugt, dass er am Ende mehr für eine bessere Welt erreicht, als jede Verzichtsideologie es je erreichen kann. Denn der Verzicht kann ja immer nur Reduktion bedeuten. Wir alle brauchen Schuhe, und egal wie pfleglich wir mit ihnen umgehen, wir werden dennoch Ressourcen verbrauchen, solange wir die Werkstoffe nicht verändern, aus denen wir produzieren. Denn wir mögen es erreichen, dass wir weniger Schuhe im Leben verbrauchen – damit weniger Umweltzerstörung bedingen, aber weniger ist niemals genug. Es bleibt ohne eine Umstellung der Werkstoffe immer ein Rest schlechtes Tun und schlechtes Gewissen übrig.

So können wir den gesamten Umweltdiskurs verändern. Von der ewigen Nörgelei, vom Abwehrkampf hin zur produktiven Suche, zum großen forscherischen Rätselspiel. Wie kann noch ein Prozess nachhaltig gemacht werden? Wie ein Schmierstoff durch einen anderen ersetzt werden? Woraus lassen sich noch Maschinen bauen, wie noch mehr erneuerbare Energie gewinnen und einsetzen. Wie gelingen uns mehr Schiffstransporte ohne neue Umweltbelastung, wie fliegen wir so viel wir wollen, ohne unsere Luft zu verpesten?

Ein Prozess, der die Lösung der globalen Klimakrise nicht im ewigen Verzicht sucht und gleichzeitig auf die Erfindung einer neuen Technologie in einer fernen Zukunft vertagt. Stattdessen ein produktiver wirtschaftlicher und politischer Prozess, um beständig Standards zu setzen, zu suchen, zu erforschen und ohne Pause alles, wirklich alles, was wir haben, was wir produzieren und tun, in den Blick nimmt – bis der Mensch eines Tages nicht nur weniger schlecht, sondern endlich ein Leben auf der Höhe seiner Zeit und im Einklang mit seiner Umwelt führt.

Weil der Mensch ein Egoist ist und weil der Mensch den Verzicht nicht will, liegt die Lösung unserer Bildungs- und Umweltprobleme nicht in der Predigt vom Konsumverzicht.

Sie liegt in der Anerkennung des materialistisch-egoistischen Antriebs eines jeden Menschen und der positiven Verstärkung dieses Antriebes auf dem Weg zum Bildungserfolg bei gleichzeitiger Veränderung unserer Produktionsbedingungen, und zwar so, dass wir zu einer ernsthaften, nachhaltigen Kreislaufwirtschaft gelangen, die keine Ressourcen verbraucht, sondern ausschließlich gebraucht.

Entscheidend dabei wird sein, dieser Entwicklung das nötige Tempo zu geben. Deshalb lohnt das Setzen von Standards. Wann immer ein Werkstoff oder ein Verfahren gefunden wurde, das einen nicht wiederverwertbaren Stoff ersetzt, muss dieser zum Standard erklärt werden. Was heute erfunden wird und wiederverwertbar ist, muss standardmäßig nach zehn Jahren zum allgemein verbindlichen Mindeststandard werden.

So lohnt sich die Forschung in Richtung Nachhaltigkeit für Unternehmen in mehrfacher Hinsicht. Wann immer man ein Verfahren nachhaltig gemacht hat, wird es über das Mittel des nachgezogenen Standards bald marktbeherrschend. Die Konkurrenz ist gezwungen, sich in gleicher Richtung zu entwickeln oder wird aus dem Markt verdrängt.

Wie so etwas wirkt, kann man sehr gut an Nokia erkennen. Jahrelang war das finnische Unternehmen erfolgreich in der Produktion von Mobilfunkgeräten. Dann kam Apple mit dem iPhone auf den Markt und setzte damit einen neuen Standard. Das Smartphone war erfunden, und weil Nokia nicht mithalten konnte, zog es sich aus der Mobilfunkbranche zurück. Heute sind nahezu alle Mobilfunkgeräte auch Smartphones. Die bessere Lösung hat sich durchgesetzt.

Im Falle des iPhones kann der Markt einen solchen Standard entwickeln. Das Produkt ist für die Nutzerinnen und Nutzer so viel interessanter, dass es alle anderen verdrängt.

Bei nachhaltigen Verfahren sieht das anders aus. Diese haben oft keine Nutzeroberfläche und können damit keine Begeisterung am Markt auslösen. Deshalb lohnt hier die nationale und europäische Standardisierung. Schlicht die konkrete Regelung, dass alles, was nachhaltig geht, auch nach zehn Jahren gemacht werden muss.

Hier klafft eine riesige Lücke positiven Gestaltungsmutes im politischen Spektrum, die gefüllt werden kann von denjenigen Kräften, die nicht auf Moralappelle setzen wollen, sondern offen Menschen begegnen wollen, die Lust auf mehr vom Leben haben.

Aus Egoismus wird eine starke Klimapolitik.

Verbraucherschutz

Wenn wir aber den Konsum nicht mehr verdammen, wenn wir den Konsumverzicht nicht mehr predigen, dann heißt die Devise nicht, alles zuzulassen, sondern den Konsum zu gestalten. Denn was wir kaufen, bestimmt das Schicksal unserer Welt. So viel ist gewiss. Deshalb tobt nicht nur ein Glaubenskrieg zwischen den Konsumgegnern und den Konsumierenden, sondern auch unter denen, die konsumieren, um jedes Produkt – darum, ob es nun das richtige Label, den richtigen Standard, die korrekten Produktionsbedingungen hat oder nicht. Darf man Thunfisch noch essen? Wurde für dieses Fleisch ein Tier gequält? Wie viel Wasser steckt in einer Avocado? Wie weit ist jene Frucht gereist?

Ein Glaubenskrieg, in den auch die hineingezogen werden, die ihn gar nicht führen wollen, weil es so viele für sich als Aufgabe angenommen haben, für den bewussten Konsum zu missionieren. Es sind, wie so oft, die postmodernen Prediger am Werk, die nichts mehr gestalten, sondern alles moralisieren. Die um keine politische Mehrheit ringen, sondern andere Menschen mit ihrer Moralvorstellung bedrängen. Eine beständige, unerträgliche Belästigung, weil sie darauf verzichtet, den Rahmen zum Guten zu ändern und stattdessen jede persönliche Interaktion belastet.

Moralpredigten, die jedem abverlangen, sich für jedes Produkt zu rechtfertigen. Aber wird man durch bewussten Konsum jemals ein guter Mensch ohne neuen Rahmen? Ist nicht das Gute immer gedeckelt durch die Menge an Wissen, die wir als Individuum anhäufen über Produktionsbedingungen, Lieferketten, Labels und Verfahren? Kann man überhaupt – auch wenn man seine gesamte Lebenszeit aufwendet – jemals alles so tief durchdringen, dass man bei jeder Entscheidung die moralischste zu treffen weiß? Und scheitern wir nicht spätestens genau dann, wenn wir unsere Freunde besuchen, ohne mit ihnen gemeinsam einzukaufen. Scheitern wir nicht bei jedem Restaurantbesuch, bei dem wir nicht überprüfen können, was in unserem Essen steckt? Scheitern wir nicht stetig daran, die gute Entscheidung zu treffen, weil wir nicht wissen, was die gute Entscheidung ist?

Am Ende kann der eigene bewusste Konsum niemals mehr sein, als ein Tropfen auf den heißen Stein, der mein Ego befriedigt, aber keine Gerechtigkeit erschafft. Er ist ein Wohlfühl-Egoismus, der sich als Altruismus tarnt.

Ich ahne, dass es Menschen gibt, die gerade wütend auf ihre Packung fair gehandelten Kaffee zeigen. Ja, das haben Sie gut gekauft, ich kaufe den auch. Er macht das Leben mancher Menschen besser, aber er löst kein bisschen das Problem.

Wir können nun beleidigt miteinander sein, unsere Egos aufeinanderprallen lassen und uns mit unseren Moralvorstellungen bedrängen, ohne etwas zu verändern, oder wir nehmen uns vor, nicht nur die Oberfläche unserer Moral zu polieren, sondern endlich gut zu werden.

»Ich weiß, dass ich nichts weiß« ist eine der klügsten Formeln in der Philosophiegeschichte. Die Erkenntnis, dass die eigene Wahrnehmung der Wirklichkeit durch die Mittel unserer Wahrnehmung begrenzt bleiben muss. Ich kann als Mensch nur erfassen, was ich sehen, hören, riechen und erfühlen kann. Alles andere bleibt mir verborgen.

Nun hat sich seit Sokrates die Möglichkeit der Wahrheitsfindung noch um die gesamte Wissenschaft erweitert. Wir können mit unterschiedlichsten Methoden erforschen, was uns umgibt, und damit unsere Mittel des Sehens, Hörens, Riechens und Erfühlens in gewaltigem Maße steigern, aber dieser neuen Erkenntnisform ist eigen, dass sie dem Individuum endgültig entrissen ist und nur als Kollektiv gelingt.

Nur wo viele zusammen nach der Wahrheit suchen, wird mehr von ihr gefunden. Nur die Sammlung aller Studien und Forschungen ergibt ein vorläufig ganzes Bild. Wie unsinnig ist es doch angesichts dieser Erkenntnis, nun ausgerechnet das Schicksal unserer Welt in die Hände jedes Vereinzelten legen zu wollen.

Wer im Laden steht, ist allein gelassen mit der Kaufentscheidung. Man greift nur auf das eigene Wissen, den eigenen Verstand, die eigene Ahnung vom guten Einkauf zurück und liegt mit dieser – naturgemäß – fast immer daneben.

Ich will nicht allein wissen müssen, ob ich einen Thunfisch kaufen kann oder nicht. Ich will nicht allein wissen müssen, wie ein Tier gehalten wird. Ich will nicht allein wissen müssen, wie viel Wasser in einer Avocado steckt. Nicht, weil ich nicht gerne etwas weiß, sondern weil ich weiß, dass ich nichts weiß. Egal wie viel ich über das eine Produkt lerne, so fehlt mir doch immer die Zeit, es auch über das andere Produkt zu lernen. Allein werde ich niemals gut handeln, es wird im besten Falle etwas besser.

Lassen Sie es mich konkret machen. Als ich mit meinem Freund zusammen Abendessen machte, stellten wir fest, dass wir für einen Fischsalat den Fisch vergessen hatten. Wir beide versuchen bewusst zu konsumieren, aber ich esse nicht sehr oft Fisch. Ich ging also noch schnell in den Supermarkt und suchte bewusst einen Fisch mit einem Nachhaltigkeitslabel heraus. Als ich zurück in der Küche war und den Fisch auf den Tisch legte, sagte mein Freund zu mir: »Das ist das Fake-Label von der Industrie. Das echte sieht anders aus.«

Welche Chance habe ich gehabt? Ich habe mein Bestes versucht, und dennoch war mein Bestes in diesem Moment nicht genug. Ich hätte mehr wissen müssen. Selbstverständlich kann ich beginnen, mich mit Fischlabels zu beschäftigen und natürlich habe ich es getan. Auf die Frage, auf welche Zertifizierungen die Kundinnen und Kunden beim Fischkauf achten, antworteten in der Lebensmittelzeitung – das ist das Branchenblatt des Einzelhandels – 75 Prozent der Händler, die Kundinnen und Kunden legten besonders Wert auf die MSC-Zertifizierung.

Genau diese Zertifizierung des MSC (Marine Stewardship Council) hat es tatsächlich über zwanzig Jahre hinweg geschafft, einen international weit verbreiteten Umweltstandard zu schaffen. Allerdings schreibt der Naturschutzverband WWF, der den MSC mitgegründet hat, über das Label auf seiner Webseite: »Der WWF sieht inzwischen jedoch deutliche Mängel beim MSC« und fordert »rasche Reformen des MSC«.

Schon nach kurzer Recherche stecke ich mittendrin in ein einem Fachstreit zwischen Institutionen, die sich alle dem Tierwohl verschrieben haben. Ich lerne etwas über Beifang von Seidenhaien beim Thunfischfang. Ich lerne etwas über Fanggebiete und Überfischung, über zu jung in die Netze geratene Gelbflossenthunfische und den Skipjackthunfisch. Ich lerne, dass eingesetzte Lockbojen besonders gefährlich für Schildkröten sind, und am Ende weiß ich vieles, aber noch immer nicht, was eigentlich richtig ist.

Mittlerweile ist mehr Zeit vergangen, als ich für den Einkauf insgesamt gebraucht habe, und auch wenn ich am Ende dieser Recherche vielleicht weiß, ob, und wenn ja, welchen Thunfisch ich noch kaufen kann, ich weiß doch auch, spätestens bei einer anderen Produktgruppe mag ich wieder den gleichen Fehler aus Unwissenheit begehen.

Denn der Anspruch an mich selbst, bewusst zu konsumieren, ist nichts anderes als das Schicksal des Sisyphus. Jene antike Sagengestalt, die dazu verdammt war, jeden Tag einen Felsbrocken in der Unterwelt einen steilen Abhang hinauf zu rollen, nur um kurz vor dem Erreichen der Spitze zu scheitern und zu sehen, wie der Fels den ganzen Abhang wieder hinabrollt.

Die viel beschworene Idee vom mündigen Verbraucher ist eine Selbsttäuschung. Wir können immer nur zu einem kleinen Teil bewusst und zum größten Teil unmündig konsumieren. Die Grenzen unseres Wissens sind die Grenzen unserer Moral. Egal wie weit wir sie vorantreiben, stets wird die Mehrheit unserer Entscheidungen eher zum Schlechten denn zum Guten tendieren.

Genau deshalb gilt es zu wissen, dass man nichts weiß. Ich weiß es nicht und kann es nicht wissen und deshalb braucht es Politik. Wie problemlos lassen sich große Zustimmungen zu der Aussage »Tiere sollten artgerecht gehalten werden« erringen, aber im individuellen Konsum drückt sich das nicht aus.

Der Fehlschluss, der aus dieser Diskrepanz zwischen Anspruch und Wirklichkeit gezogen wird, ist, dass der Anspruch nicht ernst gemeint sei. Viel wahrscheinlicher hingegen ist doch, dass der Anspruch nicht gelebt wird, weil jeder Mensch gelernt hat, dass man die Ansprüche, die man selbst an die eigene Moral hat, nicht alleine erfüllen kann. So resigniert man am Kühlregal im Supermarkt. Der Preis sticht, denn welchen Unterschied mache ich am Ende schon als Einzelmensch, und wie wahrscheinlich ist es, dass meine Mehrausgabe nur wieder der Täuschung eines falschen Labels unterliegt?

Genau diese Formel, »Was ändert es schon, wenn ich etwas anders mache!«, treibt die Moralbewussten zum Zorn, aber diese Empörung ändert nichts daran, dass diesem so oft ausgesprochenen, ambitionslosen Satz, »Was ändert es schon, wenn ich etwas anders mache!«, doch eine Wahrheit innewohnt.

Die Moralisierung des Konsums führt bei wenigen zur Verhaltensänderung und bei den meisten zur Resignation. Sie ändern ihr Verhalten nicht und empfinden eine daraus abgeleitete Schuld. Diese Schuldgefühle treiben Menschen in die Apathie. Sie machen antriebslos und nehmen alle Lust, noch weiter für das Gute einzustehen.

So wie ich mit meinem Fisch und dem falschen Label. Es war frustrierend. So frustrierend, dass mir alle Lust verging, mich überhaupt noch mit Labels zu befassen, und es kostete mich Mühe, mich zu disziplinieren, um dennoch die Zusammenhänge des Fischfangs zu recherchieren.

Wenn wir nun aber anerkennen würden, dass der Mensch im Kern seines Wesens egoistisch ist, aber gleichzeitig auch auf den Zusammenhalt vertraut, dann lässt sich Apathie in politische Veränderung verwandeln. Wenn wir nicht fragen, wie der Einzelne konsumiert, sondern wenn wir die Aufgabe politisch zu lösen bereit sind.

Soll nur Fisch verkauft werden, wenn dadurch die Fischart nicht ausgerottet wird? – Ich bin mir sicher, diese Frage wird politisch Zustimmung finden. Politisch, aber nicht individuell. Es gilt politisch den Rahmen zu verändern, dass egal, welchen Fisch ich schlussendlich als Verbraucherin oder Verbraucher kaufe, ich nicht zum Schaden der Welt handle.

Wenn ich ehrlich bin, möchte ich die Freiheit haben, auch zum günstigsten Produkt mit gutem Gewissen greifen zu können. Ich will ein Egoist sein können. Aber für dieses gute Gewissen braucht es einen guten Standard. Denn der Wettbewerb ist doch in unsinniger Richtung verzerrt. Wir greifen zum Teil aus Sorge vor den miesen Produktionsbedingungen zur teureren Alternative, verletzen damit unser Bedürfnis, zum eigenen Vorteil zu arbeiten, und rechtfertigen dies mit Moral, aber ohne zu wissen, ob diese Alternative nun wirklich die bessere war. Wenn ein Standard definiert, dass alles, was wir kaufen können, auch gut ist, dann rückt der Wettbewerb um das bestmögliche Preis-Leistungs-Verhältnis wieder in den Mittelpunkt.

Einzig eines ginge dabei verloren, nämlich das Überlegenheitsgefühl derjenigen, die sich in einer bestimmten Produktkategorie in besonderer Weise informiert und qualifiziert haben. Es ginge verloren jene oberlehrerhafte Herablassung, die besser Gebildete häufig gegenüber schlechter Gebildeten an den Tag legen. Es wäre vorbei mit der Rede von den »Asozialen, die das billige Fleisch kaufen«. Es gäbe mehr Zusammenhalt trotz egoistischer Kaufentscheidung. Es entstünde ein Wir-Gefühl, weil eine Gesellschaft Gutes tut und nicht das Individuum.

Gesundheit

Wie überlebenswichtig diese Perspektive ist, gemeinsam etwas erreichen zu können und nicht nur als Individuum, hat uns die Corona-Pandemie gezeigt. Wie schwierig war es doch, dieses Virus wirksam einzudämmen, weil in Teilen der Bevölkerung nur die Sicht auf die eigene Gesundheit vorherrschte, aber nicht auf die Gesamtgesundheit aller als sich wechselseitig bedingendes System.

Die einen mussten bedrängt werden mit heftigsten Moralappellen an die Solidarität zu Mundschutz, zu Kontaktreduktion, und die anderen ließen sich nur durch Befehl und Strafandrohung dazu bewegen, sich selbst zu disziplinieren.

Zum ersten Mal in unserer neueren Zeit, waren nicht wir selbst krank, mussten wir nicht selbst zum Arzt, sondern mussten mitwirken an einer kollektiven Gesundheit. Eine Gesamtgesundheit, die nur dadurch entsteht, dass eine jede und ein jeder darauf achtet, keinen anderen Menschen anzustecken.

Dass die Vernunft nicht bei allen Einzug hielt, ist offenbar.

Wie häufig war von Jüngeren zu hören, dass das Virus für sie nicht gefährlich werden könnte, ein Oberbürgermeister fabulierte schon davon, die Alten wären eh gestorben, dafür müsse man sich nicht einschränken, und auf der Straße brüllten Menschen einander an. Die einen, weil sie endlich ihre Freiheit wollten und die anderen aus purer, oftmals auch überzogener Todesangst.

Nein, Corona hat kein neues Wir-Gefühl erschaffen. Ein großer Teil der Bevölkerung - ja, er wuchs sogar noch in der Pandemie an - dachte nur an sich, an die eigene Gesundheit und maximal noch an die der nächsten Verwandten. Die Zahl derjenigen, die skeptisch gegenüber Impfungen sind, stieg sogar noch an. Es dreht sich seit Corona noch mehr um das Ich-Ich-Ich.

So eindeutig wie bei Corona war es nie, dass ein Teil unserer Gesellschaft nur noch wenig darin geübt ist, nicht nur das eigene Wohl, sondern auch das Wohl des anderen zu suchen. Weil die gesamte Gestaltung unseres Systems die Menschen auseinandertreibt. Weil der eigene Vorteil nur in Konkurrenz zum Vorteil des anderen zu suchen ist. Der nicht zu Ende gedachte Leitsatz der neuen Liberalen, »Wenn jeder an sich selbst denkt, ist an jeden gedacht«, wurde in der Pandemie millionenfach ausgelebt, obwohl doch nichts so sehr diesen Satz widerlegt wie diese Pandemie.

Zum Glück gab es auch das Gegenteil. Menschen, die für ihre Nachbarn einkauften, Leute, die bewusst den Abstand wahrten, ohne selbst Risikogruppe zu sein. Menschen wie Sie und ich, die ein Bewusstsein dafür haben, dass auch das Wohl des anderen das eigene Glück begründet.

Und was haben Sie und ich gemeinsam? Wir sind beide Teil der aktiven Zivilgesellschaft. Sonst hätten Sie dieses Buch längst beim Lesen fortgeworfen. Wir engagieren uns, bringen uns ein, tun und erreichen Dinge gemeinsam mit anderen. Wir sind darin trainiert, nicht nur uns selbst zu denken, sondern auch das Gegenüber.

Uns umgibt ein Rahmen, der uns lehrt zu kooperieren, und das Ergebnis ist ein Gedankenmuster, das auf Kooperation angelegt ist. Ein solches Muster kann man nicht verordnen. Das hat Corona in aller Deutlichkeit gezeigt. Sie können nicht einfach als Kanzlerin in einer Fernsehansprache dazu auffordern, Gemeinsinn zu zeigen, ohne dass diejenigen, die es hören, allesamt auch in der Kunst des Gemeinsinns bereits geübt sind.

Deshalb wirbt dieser Text dafür, den Rahmen zu verändern und jede Struktur kritisch anzuschauen, überall zu sehen, wo die Egoismen der Einzelnen in Konkurrenz aufeinander losgelassen werden, um dort die Bedingungen so zu ändern, dass man miteinander Ziele erreichen kann, statt gegeneinander. Auf dass man Schritt für Schritt seine Gedankenwelt neu präge in Richtung eines nicht nur geforderten, sondern gelebten Zusammenhalts. Im Zweifelsfall wird diese Änderung unserer Gesellschaft in einer neuen Pandemie wieder lebensnotwendig für alle sein, und vielleicht könnten wir dann auskommen ohne all die wütenden Moralreden, mit denen sich Leute gegenseitig auf der Straße beschimpfen und auch mit weniger staatlicher Autorität und Gewalt, weil der Mensch von allein gelernt hat, dass aufeinander zu achten keine Zumutung, sondern eine Strategie der eigenen Zielerreichung ist.

Genau deshalb muss man auch im Gesundheitswesen diese Frage stellen. Zeigt uns unser international so sehr gelobtes System der Gesundheitsvorsorge, dass der persönliche Gewinn auch zum Gewinn für andere werden kann?

Zum größten Teil kann man diese Frage mit Ja beantworten. Wir garantieren eine Krankenversicherung für fast jeden Menschen. Schöner wäre es, ich könnte hier schon »alle« schreiben. Aber auch dieses »fast jeden Menschen« ist im weltweiten Vergleich schon eine großartige Errungenschaft. Dabei basiert unser gesamtes System auf der Idee, dass alle einen Beitrag zahlen, damit nicht nur ich selbst gesund werden kann, sondern auch jedes Gegenüber.

Dennoch, auch in diesem so guten System gibt es Strukturen, die dafür sorgen, dass man als Egoist gezwungen ist, dem anderen zu schaden, um den eigenen Vorteil zu suchen. Sie können sich in jeder Praxis in der Schlange ganz nach vorne kaufen. Wenn Sie eine private Krankenversicherung abschließen, kommen Sie schneller dran.

Im Grund spricht nichts dagegen, wenn jemand einen Vorteil dadurch erhält, dass man mehr bezahlt. Wir sind doch dieses Verfahren aus so vielen Gesellschaftsbereichen gewohnt. Wenn ich ins Theater gehe und in der ersten Reihe sitzen will, dann bezahle ich mehr für mein Ticket als weiter hinten. Ein Prinzip, bei dem alle verstehen, dass derjenige, der einen Vorteil haben will, eben mehr zu den Kosten der Aufführung beizutragen bereit ist.

Nur in unserem Gesundheitssystem sind die Spielregeln anders. Ich bin ein Unternehmer, und nur aus purem Trotz gesetzlich versichert. Weil ich nicht akzeptieren will, dass ich, wenn ich mich privat versichere, mehrere hundert Euro im Monat weniger bezahlen soll, um dann beim Arzt vorgelassen zu werden. Ja, so sieht die Rechnung aus. Mir bietet die private Krankenversicherung einen Tarif an, der mehrere hundert Euro billiger ist als die gesetzliche Versicherung, und verspricht trotzdem mehr Leistung.

Der Grund für diese bessere Leistung der privaten Krankenversicherungen ist wahrlich nicht, dass sie besser organisiert sind, sondern schlicht, dass sie nur Besserverdienende und Gesunde in die Versicherung lassen. Wenn Sie nun als gesetzliche Versicherung alle Lahmen, chronisch Kranken und alle Geringverdiener aufnehmen, dann haben Sie im Schnitt weniger Einnahmen und höhere Kosten pro Person. Eine private Krankenversicherung nimmt nur gesunde Gutverdienende auf. Diese mögen im Lauf des Lebens krank werden und dann muss man als Versicherung bezahlen, aber dennoch sind die Kosten pro Person geringer. Damit können Sie niedrigere Tarife versprechen und mehr Leistung anbieten – oder ehrlicher gesprochen: Sie können sich für weniger Geld als privilegierter Mensch vorne in die Reihe stellen.

Eine Struktur, die uns das genaue Gegenteil lehrt von dem, was gerade in der Gesundheit notwendig ist. Eine Struktur, in der man lernt, nur an sich selbst zu denken, wo doch gerade meine Gesundheit davon lebt, dass nicht nur ich gesund bin, sondern auch der Mensch neben mir und mich nicht anstecken kann.

Man kann dieses System beenden. Man braucht dafür nicht einmal ein Verbot der privaten Krankenversicherung, keine langwierige Systemwechseldebatte, keine neue Konstruktion einer Bürgerversicherung. Es braucht nur einen kleinen Schritt, den unsere Gesellschaft gehen kann. Wenn wir alle Beamten des Staates auf einen Schlag nicht mehr privat versichern, sondern gesetzlich, dann bricht die private Krankenversicherung in sich zusammen. Denn ihre Klientel besteht zum größten Teil aus Staatsbediensteten.

Ja, das ist die eigentliche Ironie. Die Institution, die den Gemeinsinn fördern soll, entzieht just ihr eigenes Personal dem solidarischen System. Begründet wird dies mit der besonderen Fürsorgepflicht des Staates gegenüber seinen Bediensteten. Ja, diesem Gedanken kann man etwas abgewinnen, aber dann eben so, wie es sich wirklich gehört: nämlich, dass auch alle Beamten gesetzlich versichert sind und ihr Arbeitgeber – in diesem Falle der Staat – eine zusätzliche Versicherung abschließt und mehr bezahlt für bessere Leistung.

Man kann keinen Gemeinsinn in einem Staat erwarten, in dem alle Staatsdiener den eigenen Vorteil im Nachteil aller anderen suchen.

Datenschutz

Nicht nur bei Verteilungsgerechtigkeit, Konsum und Wirtschaftsleben lässt sich der Gedanke vom Gewinn des Einzelnen durch den Gewinn für alle einführen. Er hat auch Potenzial für all die Bereiche, die im Gemeinwesen eine Rolle spielen. Selbst für technische Fragen wie den Datenschutz.

Ich kenne nichts, das mich als Individuum mehr resignieren lässt als die Frage danach, ob ich Cookies auf einer Webseite zulassen will. Es ist die alltäglichste aller Fragen, bei der ich mich zusammen mit Millionen anderen Menschen jeden Tag in völliger Inkompetenz dem Willen eines anderen unterwerfen muss.

Wer hat jemals die Nutzungsbedingungen einer Webseite gelesen, bevor man sie mit schlechtem Gefühl akzeptiert? Und wer unter den wenigen, die tatsächlich einmal die Nutzungsbedingungen gelesen haben, hat begriffen oder verstanden, was man daran ändern müsste? Wir klicken schlicht apathisch auf »Akzeptieren« – oder, um es ehrlicher zu formulieren: »Ja, ich möchte mich ausliefern.«

Das Ergebnis ist eine beständige Erfahrung von Ohnmacht, mit der ich als Individuum in einem Bereich konfrontiert bin, in dem ich durchaus bereit wäre, die Schutzfunktion der vielen zu akzeptieren. Niemand nimmt mir etwas weg, wenn wir demokratisch regeln, wie die Nutzungsbedingungen zu sein haben, anstatt mich schlicht zu fragen, ob ich fragwürdigen Bedingungen zustimmen möchte, ohne über diese verhandeln zu können.

Die Frage nach den Nutzungsbedingungen ist doch die gleiche, die mir auch die Polizei im öffentlichen Raum stellt, wenn ich gegen eine Regel verstoße. Sie lautet: »Akzeptieren Sie das Verwarngeld?« Kommen Sie sich bei dieser Frage auch immer denkbar blöd vor? Was soll ich denn anderes sagen als »ja, ich stimme zu«, ohne zustimmen zu wollen, wenn die einzige alternative Lösung doch ist, dass ich kurz nach meiner Verweigerung einen Brief erhalte, der mich zwingt, dieses Verwarngeld zu überweisen.

Hier werden juristisch Scheinfreiräume für das Individuum geschaffen, wo realistischerweise keine sind. Viel mehr noch, im Grunde ist diese Form der Freiheit, den Nutzungsbedingungen erst zustimmen zu müssen, eine große Unfreiheit. Denn sage ich Nein, dann kann ich die Funktion nicht nutzen, die ich gerne nutzen möchte, und sage ich Ja, dann passiert mit meinen Daten, was auch immer mein Gegenüber will.

Genau in solchen Fällen ist der Moment gekommen, da sich ein Gemeinsinn, ein gemeinsamer Wille der vielen in der Demokratie beschwören lässt. Hier kann man mit gutem Gewissen auf die Bühne treten und sagen, wir drängen die individuelle Verantwortung zurück, weil sie anzunehmen schon jetzt niemand bereit ist.

Es gilt zu fragen, was wir wirklich im Bereich der Datenverarbeitung und der Nutzungsbedingungen zulassen wollen und was nicht? Was soll erlaubt sein, ohne dass ich nochmals zustimmen muss, und was ist jeder Zustimmung zum Trotz schlicht immer untersagt?

Aber so einfach, wie diese Frage klingt, ist die Realität nicht. Denn es werden nicht alle Stimmen und Interessen gleichrangig gehört. Genau deshalb vermeidet man die Regelung. Weil in solchen Diskussionen sich stets nur diejenigen einbringen, die in besonderer Weise extreme Positionen vertreten.

Datenschützerinnen und Datenschützer haben gute Gründe für ihre Position, aber ihre Ansprüche mauern die meisten technologischen Entwicklungen so eng ein, dass sie jeden Reiz in der Benutzung verlieren. Hier erheben sich egoistische Einzelinteressen unter dem Deckmantel des Gemeinwohls über den Willen der unbeteiligten Masse.

Ein dramatisches Beispiel hierfür ist mancher Landesdatenschutzbeauftragte, der allen Kommunen und sogar Unternehmen die Nutzung von Sozialen Netzwerken verbietet. Dahinter steckt auch eine Lust an der Selbstprofilierung als »harter Hund« für den Datenschutz, der in der Realität nichts bringt als Unsicherheit und damit Unfreiheit. Denn natürlich wollen Kommunen und Unternehmen nicht auf den Bürgerinnen- und Bürgerkontakt in Sozialen Netzwerken verzichten. Sie nutzen also weiter alle Möglichkeiten, nur jetzt mit der großen Unsicherheit, dies gegen die Verordnungen des Datenschutzbeauftragten zu tun und bedroht von Strafen, die dieser verhängen kann.

Hier wird die Frage, wie wir mit Daten umgehen wollen, zu welchen Kompromissen wir bereit sind und wie wir unsere Informationsverarbeitung regeln wollen, von einer einzelnen Person mit einem spezifischen Auftrag dem Aushandlungsprozess entzogen. Mit der ihr gegebenen Macht erhebt sie einen Anspruch, der nur aus ihrem Amt und ihrer Perspektive heraus Schlüssigkeit für alle besitzt.

Ein Ansatz, der nichts besser macht, sondern alles nur unsicherer. Eine falsch verstandene Schutzfunktion.

Die Reaktion ist erneut Apathie. Die Freude, sich mit Datenschutz auseinanderzusetzen, wird den vielen von denen wenigen ausgetrieben, die mit ihren absoluten Ansprüchen alles zertrümmern und stets und überall auf genau jene Möglichkeiten verweisen, die weder funktional noch vernünftig nutzbar sind.

Eine ganz konkrete Groteske in diesem Bereich hat tatsächlich die katholische Kirche in Deutschland vollbracht. Denn mit absoluten, unerfüllbaren Ansprüchen kennt sich wohl niemand besser aus als der Katholizismus, und so verwundert es nicht, dass die Datenschutz-Dogmatiker der Katholiken die sowieso schon kaum erfüllbaren Ansprüche der staatlichen Datenschützer noch übertrafen. Der kirchliche Datenschutz mauert alle in der Kirche in komplette Handlungsunfähigkeit ein.

Um aufzuzeigen, wie eng man hier durch die Formulierung einer scheinbar wahrhaftigen Position die Spielräume gezogen hat, muss man nur das Ergebnis erzählen:

In der katholischen Diözese Rottenburg-Stuttgart befand man, dass die Daten der Gläubigen nur dann wirklich geschützt sind, wenn das einzelne Individuum auch davor bewahrt wird, einfach ungewünscht E-Mails von der Kirche zu bekommen und der gesamte Mailverkehr nur sicher auf kirchlichen Servern gespeichert wird. Schließlich geht es in der kirchlichen Seelsorge nicht selten um durchaus intime Informationen.

So schuf man eine Lösung, die an Absurdität kaum mehr zu überbieten ist. Wann immer man eine Mail von einer Mitarbeiterin oder einem Mitarbeiter dieses Bistums erhielt, teilte diese den Empfängerinnen und Empfängern nur mit, dass man eine Nachricht erhalten hatte, nicht aber deren Inhalt.

Statt einfach zu schreiben, was man mitteilen will, forderte man die Empfängerinnen und Empfänger auf, sich auf dem Server des Bistums ein eigenes Konto anzulegen, das – datenschutzsicher – den Zugang zu der für mich bestimmten E-Mail erlaubt, ohne mir diese direkt zuzustellen.

Ein klarer Fall von Übersicherheit. Denn natürlich legte kaum jemand ein solches Konto an, und die meisten Nachrichten wurden nicht mehr zugestellt. Auch die kirchlichen Mitarbeiterinnen und Mitarbeiter stellten das schnell fest, nutzen fortan ihre privaten Mailadressen und lieferten damit durchaus sensible kirchliche Kommunikation der Unsicherheit privater Mailkontoanbieterinnen aus.

Kluge Regelungen zum Wohle aller gelingen nicht, wenn man die aus einer Perspektive bestmögliche Lösung wählt. Sie gelingen nur, wenn auch die pragmatischen und meist schlecht argumentierten Egoismen der anderen miteinbezogen werden. Der schlichte Satz »es muss halt einfach funktionieren« muss dabei in gleicher Weise ein gehörtes Argument sein wie die elaborierte Rede über die Risiken der Datenübertragung.

Der schlichte Unwille, eine Einverständniserklärung erst zu lesen, bevor man sie akzeptiert, muss ein akzeptiertes Argument in der politischen Debatte werden. Es darf nicht weggewischt werden mit Sätzen wie »das kann doch nicht Ihr Ernst sein, dass Sie etwas zustimmen, was sie nicht durchlesen!« Doch, das tun eben fast alle. Denn während die Experten für Datensicherheit dieses Verhalten nicht nachvollziehen können, legen sie es in den Bereichen, die sie weniger interessieren, in gleicher Weise an den Tag.

Der krude, der menschliche Egoismus, sich mit bestimmten Dingen nicht beschäftigen zu wollen, muss Teil der Diskussion um eine Lösungsfindung sein, und er muss so gewertet werden, wie es seinem Anteil entspricht: Das individuelle Desinteresse hat immer die Mehrheit. Sprich, dieses Desinteresse muss im Sinne des Erfolges der Lösung als das anerkannt werden, was es ist: das am stärksten belegte Argument, das mit anderen Ansprüchen ausgeglichen wird, statt von diesen überformt zu werden.

Ganz konkret bedeutet das, dass die beiden Extreme der Datenschutzdebatte nur ein Teil des Bildes sind. Die Position, die die Entscheidung auf das Individuum delegiert genauso wie die Position, die versucht die maximale Sicherheit zu erzeugen. Die Freiheit liegt nur im Zwischenraum.

Ein gelungenes Beispiel dieser politischen Position ist der Umgang mit WhatsApp. Statt – wie so viele Datenschutzbeauftragte im ganzen Bundesgebiet – überall den beständig erfolglosen Versuch zu unternehmen, die Nutzung des erfolgreichsten Nachrichtendienstes der Welt einzudämmen und öffentlichen Einrichtungen gar die Nutzung zu untersagen, strebten die Vernünftigen im Streit um den Datenschutz danach, WhatsApp zu zwingen, die übermittelten Nachrichten zu verschlüsseln. Damit die Nachricht, die ich meinem Gegenüber schreibe, nicht durch unverschlüsselte Übermittlung zu dessen Schaden werden kann.

Dieses Unterfangen war von Erfolg gekrönt, weil in diesem Ansatz der Datenschutz mit dem Wunsch der Nutzerinnen und Nutzer in Übereinstimmung gebracht wurde, weiterhin WhatsApp nutzen zu können und gleichzeitig ohne Nutzungseinschränkung mehr Sicherheit versprochen wurde.

Ein gänzlich anderer Weg als der der dogmatischen Datenschützer, die beispielsweise Mitarbeiterinnen und Mitarbeitern in der Jugendarbeit untersagen, mit den Jugendlichen via WhatsApp zu kommunizieren und auf die Möglichkeit der E-Mail verweisen, ohne anzuerkennen, dass alle Praktikerinnen und Praktiker immer wieder betonen, dass Jugendliche schlicht keine Mails nutzen und ausschließlich via WhatsApp zu erreichen sind.

Zusammenhalt kann nur entstehen, wo nicht nur das egoistische Profilierungsinteresse einzelner Experten Anerkennung findet, sondern auch das egoistische Desinteresse der Masse. Solidarität entsteht, wenn auch der Lustlose Gehör findet.

Verkehr

Wer die Freiheit der Gesellschaft will, muss all seine Zeit aufwenden, um den Rahmen zu verändern. Die eigene Kraft in neue Verbote oder Moralappelle zu investieren, ist vergeudete Energie. Veränderung entsteht nur da, wo eine Hoffnung geweckt wird und nicht, wenn sie bedroht wird von staatlicher Verurteilung oder gesellschaftlicher Ächtung.

Zumal Verbote und Gebote und all die Leitsätze und moralischen Appelle meist am Alltag scheitern. Nehmen wir doch nur folgenden kleinen Fall. Man steht selbst bereits in der Straßenbahn und man sieht noch eine Person, die gerade angerannt kommt. Hält man nun die Türe auf oder nicht?

Gerecht ist keine der beiden Entscheidungen. Denn wenn man die Türe offenhält, damit diese eine gehetzte Person noch die Chance hat, den Zug zu erreichen, dann tut man ihr etwas Gutes, aber eben allen anderen etwas Schlechtes.

Jede und jeder in der Straßenbahn muss nun warten. Anschlüsse klappen vielleicht nicht, die Bahn verspätet sich. Das ist genau das, was die Bahn meint, wenn Sie ihre Verspätungen mit »Verzögerungen im Betriebsablauf« erklärt. Es hat mal wieder jemand ganz individuell etwas getan, was den gesamten Betrieb aufhält.

Aber gleichzeitig ist es auch nicht fair, nicht wegen weniger Sekunden die Tür noch aufzuhalten. Wünschen wir uns doch selbst im Gegenzug auch, dass es jemand für uns tut. Wir sind in ein Dilemma hineingeworfen, das wir unter den herrschenden Bedingungen einfach nicht zum Guten auflösen können.

Es gibt nur eine einzige Sache, die an dieser Situation etwas verändern kann, in der stets jemand verliert: Die Taktung der Bahnen muss erhöht werden. Denn folgt auf die Straßenbahn, in der ich mich befinde, schnell eine weitere, dann hat auch der leicht verspätete Mensch kurze Zeit später wieder eine Chance, ans Ziel zu kommen.

Wie so oft entscheidet sich die Frage der Moral nicht an unseren Grundsätzen, sondern an der Frage der Güterverteilung. Den Unterschied macht nicht die eigene Haltung, sondern die Menge an Geld, die für Straßenbahnen zur Verfügung steht.

Gleiches gilt in so vielen Bereichen des Straßenverkehrs. Jedes Jahr sterben viel zu viele Fahrradfahrerinnen und Fahrradfahrer, weil abbiegende LKW sie überfahren. Eines ist dabei sicher, nämlich dass gar niemand, der oder die einen LKW lenkt, das Interesse hat, einen anderen Menschen zu überfahren. Diese Tode sind allesamt das Ergebnis eines toten Winkels, wenn die Spiegel nicht absolut präzise eingestellt sind. Es gibt Stellen im Straßenverkehr, da können LKW-Fahrerinnen und -Fahrer die Menschen auf dem Rad nicht sehen. Sie biegen mit gutem Gewissen ab und bringen dabei jemanden um.

Eine höhere Strafe für die LKW-Fahrerinnen und -Fahrer für falsche Spiegeleinstellung wird daran nichts ändern, denn Fehler passieren. Ein Spiegel, der nur ein kleines bisschen verrutscht, lässt die Fahrerinnen und Fahrer blind werden. Die Idee der Strafe erreicht hier das Ende ihrer Kraft.

Beenden kann man dieses Drama leicht, indem man Abbiegeassistenten in jeden LKW einbaut, und natürlich könnten wir nun wieder all unsere Moralappelle den Speditionsunternehmen entgegenschleudern, warum sie diese noch längst nicht standardmäßig einbauen lassen.

Aber der Grund, warum das nicht passiert, liegt im System und nicht in der Haltung der Spediteure begründet. Denn Abbiegeassistenten kosten Geld, und die marktwirtschaftliche Ordnung gibt vor, dass man jeden nicht erforderlichen Kostenpunkt sparen sollte. Ganz besonders in Branchen wie der Logistik, wo ein heftiger Preiskampf tobt.

Wenn also ein Speditionsunternehmen in Abbiegeassistenten investiert, dann hat es höhere Kosten als die Konkurrenz, die das nicht macht und verkauft damit schlechter seine Dienstleistung. Im Ergebnis fahren genau die LKW ohne Abbiegeassistenten wieder mehr Strecke, weil sie billiger anbieten können.

Deshalb hilft eine Änderung der Rahmenbedingungen. Nur, wenn die Abbiegeassistenten für alle LKW, die auf deutschem Boden fahren, zur Pflicht werden, können Unternehmen sie problemlos einkaufen – denn auch die Konkurrenz ist dazu verpflichtet. Das Marktgeschehen unterliegt damit für alle den gleichen Regeln.

Oder, wer Unternehmen diese neue Pflicht nicht auferlegen will, kann bewusst einen anderen Weg gehen. Denn auch ohne eine Änderung am LKW selbst lässt sich durch eine Änderung des Rahmens Sicherheit schaffen. Mit einer sogenannten »Fehler verzeihenden Infrastruktur« wird der Verkehr auch ohne Abbiegeassistenten sicher. Das bedeutet beispielsweise eine konsequente Trennung von Radwegen und Autostraßen und damit auch eine Entspannung der oft in Konflikt geratenden Verkehrsteilnehmerinnen und Verkehrsteilnehmer.

So wie in diesen beiden Fällen verhält es sich mit allen im Verkehr. Es geht kaum um individuelles Verhalten, sondern um die strategische Steuerung der Verkehrsflüsse. Nur wo mehr Angebote an Bus und Bahn geschaffen werden, steigen Menschen um. Nur wo dem Fahrrad Platz eingeräumt wird, steigen Menschen um. Nur wo man das Auto durch weniger Spuren ausbremst, steigen Menschen freiwillig auf die Alternative um.

Es braucht keine Gebote und keine moralischen Appelle, wenn die alternative Verkehrsform allein durch bessere Leistungsfähigkeit überzeugt. Dies zu bedingen, ist aber allein möglich durch eine Änderung der Struktur, und damit diese sich ändert, braucht es zweierlei:

Es braucht erstens Akteure in Politik und Gesellschaft, die verstehen, wie man systemisch denkt und wie die Dinge zusammenhängen, und zweitens braucht es politische Akteure, die willens sind, systemisch Politik zu machen. Akteure, die sich nicht dem Bestrafungswahn und dem Moralisieren hingeben, sondern Strukturen anschauen, verstehen und verändern.

Europa

Wie wichtig es ist, quer durch alle Organisationsbereiche der Gesellschaft hindurch immer und immer wieder die Bestätigung zu erleben, dass das eigene Wohl kombinierbar mit dem Wohl des anderen ist, zeigt das europäische Projekt, das diese Gedanken zur Voraussetzung hat.

Denn die gesamte Idee der Europäischen Gemeinschaft fußt auf dem Gedanken, dass ein Land gemeinsam mit einem anderen mehr gewinnen kann als allein. Egal, wie oft wir diesen Gedanken in Sonntagsreden beschwören, er wird nur geglaubt werden, wenn er auch im lokalen Alltag erlebt werden kann.

Wer nie gelernt hat, dass es andere Wege zum Erfolg gibt, als das Gegenüber beiseite zu stoßen, wird niemals glauben, dass dies nun ausgerechnet auf internationaler Ebene gelingen kann.

An dieser These hätte es vor wenigen Jahren sicherlich noch einigen Zweifel gegeben. Warum sollte ausgerechnet die große internationale Perspektive aus den erlebten kleinen Mikrozusammenhängen schöpfen? Ausgerechnet der Präsident der Vereinigten Staaten hat diesen Zweifel endgültig zerstreut. Sein politisches Programm »America first« ist die Eins-zu-eins-Übertragung seiner wirtschaftlichen Lebenserfahrung auf die Weltpolitik.

Trumps Verständnis einer Zusammenarbeit basiert auf dem fixen Gedanken, dass jede dieser Kooperationen einen Gewinner und einen Verlierer hervorbringt. Einer hat mehr Vorteile als der andere, und es gilt stets, egoistisch dafür zu sorgen, dass man selbst derjenige mit den größeren Vorteilen ist.

Nun fällt es leicht, Donald Trump als Egoisten zu brandmarken, aber man sollte sich nicht der Illusion hingeben, dass nicht auch jeder Staat innerhalb der Europäischen Union in solcher Weise handelt. Natürlich sind wir alle in der EU, weil wir uns Vorteile aus dieser Mitgliedschaft erhoffen. Das Motiv für Europa ist also erst einmal das gleiche wie das des Donald Trump: der eigene Vorteil.

Den Unterschied macht nur die Idee davon, wie genau das egoistische Ziel erreicht werden kann. Habe ich gelernt, dass ich gleichzeitig mit meinem Gegenüber einen Gewinn erreichen kann, oder habe ich zeitlebens die Erfahrung gemacht, dass jeder Gewinn auch einen Verlierer produziert?

Trumps Lebenserfahrung ist bedingt durch die weitgehend unregulierte Marktwirtschaft der Vereinigten Staaten. Diese ist auf das Übertrumpfen des einen durch den anderen ausgerichtet. Das gesamte System der USA trainiert geradezu einen jeden Menschen dazu, nur für sich selbst zu sorgen.

Ausdruck findet dieser Gedanke von den Gewinnern und Verlierern in einer Vielzahl von Rahmenbedingungen. Man bewaffnet sich in den USA gegenüber anderen, bei Wahlen entscheidet das Mehrheitsprinzip. Nur, wer die meisten Stimmen in einem Wahlkreis holt, gewinnt das Mandat, und alle anderen erhalten gar nichts. Es gibt kaum eine solidarische Gemeinschaftsversicherung. Alles ist privat organisiert. Die Krankenversicherung, die Rente und jedes andere Lebensrisiko.

So eine Gesellschaft kann sich eine Weltmacht leisten, die auf der internationalen Bühne noch weitgehend die Bedingungen diktieren kann, aber kein kleineres Land wie Deutschland, dass sie in den internationalen Abstieg führen würde.

Für Deutschland allein interessiert sich kaum jemand mehr. Nur im Zusammenspiel mit anderen europäischen Ländern erreicht man ausreichend viel Marktmacht, ausreichend hohe Bevölkerungszahlen und ausreichend viel Wirtschaftskraft, um anderen globalen Spielern auf Augenhöhe zu begegnen.

Wenn wir nicht mit unseren europäischen Partnern kooperieren, um an der Gestaltung der Weltordnung mitzuwirken, werden uns schlicht die Bedingungen von anderen diktiert. Wohlgemerkt von solchen anderen wie Donald Trump, die nicht daran glauben, dass ein Gewinn für beide Seiten das Ergebnis einer Verhandlung sein kann.

Trotz dieser Eindeutigkeit der Verhältnisse schwindet auch in Deutschland das Vertrauen in die internationale Kooperation mit unseren europäischen Partnern, und dieser Zweifel entsteht nicht auf der internationalen Bühne, sondern auf der nationalen. Er entsteht dadurch, dass in unserer Gesellschaftsordnung Stück für Stück und immer mehr das Prinzip Einzug gehalten hat, dass man nur alleine gewinnt.

Das beste Beispiel hierfür ist die immerwährende Rentendiskussion. Vollkommen unabhängig von den diskutierten Rentenmodellen hat mittlerweile ein jeder Mensch in unserer Gesellschaft verstanden, dass die Rente für zukünftige Generationen nicht mehr reichen wird und man gefälligst selbst vorzusorgen habe. Das Ergebnis dieser Erzählung über 20 Jahre hinweg ist ein gesunkenes Vertrauen darin, dass man gemeinsam einen Vorteil aller erreicht statt nur für sich allein.

Neben der siechenden Rente existieren neuerdings auch immer weniger Tarifverträge, es wird häufiger direkt und einzeln das eigene Gehalt verhandelt, und wie schon ganz alltäglich im Straßenverkehr, müssen sich dank schlechter

Planung immer mehr Menschen gegen Mitbewerber direkt durchkämpfen.

Und in diesen ganzen alltäglichen Kampf um das eigene Wohl, das sich nur gegen andere durchsetzen lässt, ruft dann die gesellschaftliche Elite hinein, wie klug es doch sei, auf europäischer Ebene gemeinsam und nicht nur zum eigenen Vorteil zu arbeiten. Wie soll das noch Glaubwürdigkeit erzeugen?

Ein Menschen- und Gesellschaftsbild baut sich im Alltag auf, und unser Alltag nimmt mehr und mehr die Form von Konkurrenz und immer weniger die Form von Kooperation an.

So wird mit jedem gelebten Tag in dieser Ordnung der Konkurrenz die Idee eines kooperativen Europas weniger plausibel, und zu denken, wie ein Donald Trump es tut, erscheint richtiger. Nämlich, dass ein jeder für sich selbst sorgt und dass der Vorteil dort zu finden ist, wo auch der Schaden eines Gegenübers lauert.

Wer also Europa retten will, muss keine blauen Flaggen schwenken, sondern sich daran machen, den Alltag neu zu gestalten und die Regeln des Zusammenlebens so auszurichten, dass am Ende ein jeder Mensch darauf vertrauen kann, dass der eigene Vorteil mit dem Vorteil des anderen zusammengehen kann.

Eine Aufgabe, der sich hier in Deutschland die nationale Zivilgesellschaft und die nationale Politik annehmen müssen.

Zivilgesellschaft und Parteien

Jede Veränderung der Gesellschaft braucht handelnde Personen. Wenn niemand willens ist, das System neu auszurichten, dann wird es zu keiner Veränderung kommen. Es braucht Organisationen und Parteien, die sich darauf einlassen, den Gedanken, dass der Vorteil des Einzelnen den Vorteil des anderen bedingen soll, konsequent voranzutreiben.

Nun kann ich mir allerlei Moralappelle vorstellen, weshalb Organisationen der Zivilgesellschaft oder Parteien diesem Gedanken folgen sollten. Ich kann diese bedrängen, mit der Idee vom besseren Miteinander, mit der moralischen Rede, warum die Gesellschaft eine bessere wird, wenn nicht nur jeder an sich selbst denkt.

Allerdings wird dieses Treiben nur von wenig Erfolg gekrönt sein. Der Mensch ist Egoist und so sind es auch seine Organisationsformen.

Jede Organisation und jede Partei – egal wie viel sie den Zusammenhalt beschwört – will wissen, wo im konsequenten Einfordern neuer Gesellschaftsorganisation ihr eigener Vorteil zu finden ist. Wenn das Wohl der anderen einem

Akteur nicht auch eigenes Wohl verspricht, dann gerät es eben aus dem Blick.

Kirche

Ganz bewusst wähle ich als Beispiel für die Zivilgesellschaft die beiden großen Kirchen aus. Denn bei der katholischen Kirche und der evangelischen Kirche handelt es sich um die beiden größten zivilgesellschaftlichen Akteure in Deutschland. In all dem Gerede über den Niedergang der Kirchen gerät das oft in Vergessenheit. Die katholische Kirche zählt 23 Millionen Mitglieder in Deutschland, die evangelische Kirche 21 Millionen. Zusammengenommen mehr als die Hälfte der Bevölkerung.

Dazu kommt, dass 1,3 Millionen Menschen in Deutschland für eine der beiden Kirchen oder eines ihrer Sozialwerke arbeiten. Das sind rund 3 Prozent aller Erwerbstätigen.

Es gibt keinen größeren zivilgesellschaftlichen Akteur in unserem Land. Zum Vergleich: Der in jedem Dorf existente deutsche Fußball bringt es bundesweit gerade einmal auf knapp über 7 Millionen Mitglieder.

Besonders interessant an der Kirche als zivilgesellschaftlichem Akteur ist jedoch nicht nur ihre schiere Größe, sondern auch ihr Selbstverständnis. Sie versteht sich zuvorderst als Dienerin Gottes und Dienerin der Schwächsten – nur erkennen kann man das meist nicht.

Denn die Kirchen drehen sich, wann immer wir von ihnen hören, meist um den einen oder anderen Skandal oder um sich selbst: Wer jetzt was darf und wer nicht, welche Regeln man aufstellt, an die sich dann doch keiner hält, und wie viele Menschen in diesem Jahr schon wieder ausgetreten sind. All diese Themen überdecken in der öffentlichen

Wahrnehmung das viele Engagement, die vielen sozialen und gesellschaftlichen Leistungen, die Kirchen real erbringen.

Die Kirchen sind also für das Unterfangen einer neuen Gesellschaft des Zusammenhalts, in dem das Ich nicht nur seinen Vorteil, sondern auch den Vorteil aller anderen sucht, besonders spannend, weil sie erstens wissen, dass sie ein Problem haben, zweitens ihrem Selbstverständnis nach den Auftrag haben, dem Schwächeren zu dienen, und drittens besonders viele Mitglieder und damit besonders viel gesellschaftliche Prägekraft haben.

Über die mehr als eine Million Mitarbeiterinnen und Mitarbeiter der Kirchen lässt sich schon heute sagen, dass sie ihr berufliches Wohl zum allergrößten Teil im Wohl des anderen suchen. Schließlich arbeiten sie in der Seelsorge, in Krankenhäusern, Kliniken, Sozialstationen, Jugendtreffs und dergleichen. Allesamt Institutionen, die sich dem Dienst am Gegenüber verschrieben haben und daraus Gehalt und Gewinn schöpfen. Genau die Beziehung, um die es uns geht: das Wohl des Ichs zusammenzudenken mit dem Wohl eines anderen.

Was für die Mitarbeiterinnen und Mitarbeiter der Kirchen stimmt, stimmt leider nicht für die Millionen ihrer Mitglieder. Deren Kirchlichkeit beschränkt sich meist auf einen reinen Ich-Bezug.

»Ich will einmal kirchlich heiraten können.«

»Ich will eine kirchliche Beerdigung.«

»Ich will einen Ort in der Gemeinde, wo ich ich sein kann.«

Während die ersten beiden Sätze die Kirche rein funktional betrachten als eine Institution, die besondere Schwellen im Leben gut gestalten kann und in der man deshalb

Mitglied bleibt, ist besonders der letzte Satz von Interesse für unsere Idee vom Gemeinwohl durch das Eigenwohl.

Denn der bestgetarnte Egoismus in der Kirche herrscht in den Gemeinden. Er kommt im Gewand des Altruismus und Engagements daher und dreht sich dennoch allein um sich selbst. »Ich will einen Ort in der Gemeinde, wo ich ich sein kann« – eine Logik, die sich ganz um sich selber dreht. Genau dieses Gedankengut wird in den Gemeinden noch gefördert. Es wird angereichert mit Fragen wie: »Wie geht es Dir damit?«, »Was macht das mit Dir?«, »Fühlst Du Dich wohl?«, »Was brauchst Du gerade?« Es ist die Sprache der Achtsamkeit, in der man den Versuch unternimmt, dass sich in der Gemeinschaft jeder und jede wohlfühlen kann. Der Zweck des Miteinanders ist also das Wohlbefinden des Einzelnen. Die Gemeinschaft dient dem Ich und nicht das Ich der Gemeinschaft.

Die Effekte dieser Ausrichtung nach innen sind, dass die meisten Gemeinden wie eine emotionale Burg funktionieren. Weil sich das Gemeindeleben um das Wohlbefinden ihrer Mitglieder dreht, ist der Zugang zu diesem System systemisch verrammelt und mit Zinnen und Gräben bewehrt.

Es ist ein System, das genau so funktioniert wie eine Familie, in der jede und jeder seinen Platz und seine Rolle hat. Als Tochter oder Sohn, als Mutter oder Vater, Großvater, Großmutter, Onkel, Tante mit eingeschliffenen Verhaltensmustern und dem so oft missglückenden Bestreben, Harmonie herzustellen. Eine Familie existiert nur in sich selbst. Sie hat keinen weiteren Geschäftszweck als Familie zu sein. Und weil sich mangels eines anderen Zwecks ihre ganze Perspektive nach innen richtet, wird jede Person, die dazu stößt, als Störung empfunden.

Alle neuen Partnerinnen und Partner werden streng beäugt, bringen durcheinander, was davor geordnet war, stören den Prozess der Harmonieerzeugung. Im Grunde gehört man nur richtig zu einer Familie, wenn man in sie hineingeboren wurde und nicht, wenn man dazugestoßen ist.

Genauso verhält es sich mit kirchlichen Gemeinden, die sich keinen weitergehenden Zweck geben, als Gemeinde zu sein. Wenn sich alle Energie auf die innere Harmonie richtet, dann entstehen die gleichen Konflikte wie innerhalb von Familien, dann erscheint jede hinzukommende Person als Störung. Deshalb können kirchliche Gemeinden noch so oft betonen, sie seinen offen für jedermann. Aber solange sie nur einen Ort schaffen wollen, wo jedes Ich »ich selbst sein« kann, findet man Zutritt zu diesem System entweder durch Geburt oder durch lange, mühsame und schräg angeschaute Präsenz, die sich wochen-, monate- oder gar jahrelang als Störung anfühlt.

Ändern kann man dieses sich in sich selbst Einmauern nur dadurch, dass man sich einen nach außen gerichteten Zweck gibt. Und was sollte das bei einer christlichen Kirche, die sich der Nächstenliebe verschrieben hat, anderes sein, als die Hilfe am Schwächeren?

Überall dort, wo Kirchengemeinden sich nicht um sich selbst, sondern um andere drehen, da sind sie stark. Weil es viel leichter ist, aktiver Teil einer Organisation zu werden, die sich die Aufgabe gibt, Suppe an Obdachlose zu verteilen, einen Besuchsdienst für Senioren zu organisieren, bei der Kinderbetreuung zu helfen, Menschen aufs Amt zu begleiten oder sonst wie sozial tätig zu sein. Es ist viel leichter, weil in einer solchen Organisation, deren Zweck sich nach außen, auf den anderen richtet, keine Rollen in der Gruppe, sondern Aufgaben im Prozess vergeben werden. Man wird nicht »der, der immer Nein sagt«, sondern ist »der, der die Suppe umrührt«.

Ein Umbau von der familiären Gemeinde zur handelnden Gemeinschaft tut not. Eine Strategie, die vor allem deshalb richtig ist, weil aufgrund der Überalterung der Gemeinden immer weniger Kinder in familiäre Gemeinden hineingeboren werden und andere nur schwer Zugang finden, solange sich die Gemeinden keinen Zweck als Ganzes geben.

Der egoistische Wunsch der Kirche wieder attraktiv zu sein, kann nur erfüllt werden, wenn sich ihre Gemeinden um alles drehen außer um sich selbst. Das eigene Wohl als Organisation kann nur im Wohl des anderen gefunden werden und in diesem neuen Tun prägt sich einem jeden Menschen ein: Mein eigenes Glück steht in Beziehung zum Glück des Gegenübers.

Politische Bildung

Die Kunst des Denkens im Zusammenhang zu stärken, wäre eine Aufgabe, der sich mehr Institutionen der Zivilgesellschaft stellen sollten. Seien es nun kirchliche Akademien oder politische Stiftungen, Tagungsveranstalterinnen und Tagungsveranstalter oder Thinktanks. Statt all dieser vielen Infoabende zu irgendeinem Thema, bei denen dann doch nur Expertinnen und Experten auf der Bühne durcheinander diskutieren, gilt es, die gesamte Arbeit darauf auszurichten, die wechselseitige Abhängigkeit von Faktoren zu durchdringen.

Denn nur, wenn man begreift, wie eines das andere bedingt, lässt sich das System so verändern, dass es Menschen gewaltfrei zur besseren Handlung lenkt. Um diesen Gedanken politische Wirklichkeit werden zu lassen, braucht es nicht den *einen* Menschen, der dies stellvertretend für alle anderen tut, sondern es braucht eine große Zahl von Menschen, die bereit sind, die Zusammenhänge zu studieren. Menschen, die sich dafür interessieren und dann auch begeistern, dass man durch das Definieren eines klugen Rahmens zu einem Ergebnis kommt, das wünschenswert ist.

Wichtig dabei ist, zu verstehen, dass nicht nur die eigene Perspektive, das eigene Verstehen vonnöten ist. Man selbst ist keine moralische Autorität und kann es niemals sein. Das eigene Streben übertrifft nicht das Streben aller anderen.

Ich möchte Ihnen konkret deutlich machen, dass meine selbst gefühlte moralische Überlegenheit in mancherlei Diskurs nicht zwangsläufig auch überlegen ist.

Ich habe einen Freund, mit dem ich mir oft nicht politisch einig bin. So war es auch bei der Frage eines allgemeinen Tempolimits auf deutschen Autobahnen. Ich war für ein solches Verbot und unterstellte allen, die dagegen waren, dass es ihnen doch nur um den hedonistischen Spaß am schnellen Fahren ginge, wohingegen mein Bestreben ist, die schweren Verkehrsunfälle durch zu hohes Tempo zu verhindern. Aber dieser Freund antwortete für mich überraschend: »Nein, mein ehrlicher Grund ist nicht, dass ich schnell fahren will. Das mache ich gar nicht. Ich will auch nicht schnell ans Ziel kommen. Ich will in einem Land leben, dessen Image es ist, das einzige auf der Welt zu sein, das als Grundregel hat, dass man Tempo an Stellen einschränken muss, weil Tempo kein gesetzliches Limit hat.«

Ich gebe zu, das ist ein durchaus interessanter Gedanke. Der Gedanke, dass es eine deutsche Besonderheit ist, an einer Stelle der Freiheit Vorrang vor der Regel zu geben. Etwas, was man Deutschen eigentlich gar nicht auf Anhieb zutraut. Er fuhr fort: »Überall auf der Welt reden die von

German Autobahn. Du solltest doch wissen, wie wichtig Image ist.« Es stimmt, das weiß ich wirklich.

Ich gebe zu, seine Argumente sind nicht von der Hand zu weisen, und dennoch bin ich für ein Tempolimit. Schlicht und ergreifend wegen der nüchternen Feststellung, dass Unfälle bei höherem Tempo besonders schlimm enden können und ich kein Problem darin erkennen kann, allgemein langsamer fahren zu müssen.

Aber es geht nicht darum, wer nun Recht von uns beiden hat. Das Entscheidende, das Befreiende an unserer Diskussion war, dass wir beide ehrlich unsere Argumente auf den Tisch legten. Wir sprachen nicht von »Moral«, ich nannte ihn nicht einen »potenziellen Mörder«, er beschimpfte mich nicht als »Feind der Freiheit«. Wir ersparten uns den ganzen Blödsinn emotional aufgeheizter Debatten. Wir nahmen unsere jeweiligen ehrlichen Interessen und legten sie nebeneinander.

Ich fragte ihn zurück: »Dir geht es also nicht darum, dass man auf vielen Strecken schnell fahren kann? Dir geht es darum, dass wir weiter sagen können, das Tempolimit ist in Deutschland die Ausnahme vom unbegrenzten Tempolimit.« Er stimmte zu und ich hakte nach. »Und wenn ich jetzt die allgemeine Regel nicht ändere, aber real ganz viele Schilder aufstelle und nahezu überall ein Tempolimit einführe?« – Dann wäre das zwar in den Augen meines Freundes nicht wünschenswert, aber kein grundsätzliches Problem mehr.

Sprich, die Linie, auf der wir uns einigen können, liegt zwischen unseren ehrlichen Interessen: Ich möchte weniger schwere Verkehrsunfälle. Er möchte in einem Land leben, das von sich sagen kann, dass es eine Freiheit gibt, die über jede Regel erhaben ist.

Was so einfach klingt, ist es aber nicht.

Ich erzählte ihm die Geschichte meines Vaters. Ein LKW-Fahrer, der einmal einen sehr schweren Verkehrsunfall hatte. Ein älterer Mann in einem Kleinwagen hatte ihn im LKW so unglücklich geschnitten, dass die Vorderachse des LKW brach, der Lastwagen umfiel, über die Autobahn schlidderte, die Mittelplanke plattwalzte und mit dem Führerhaus gegen die Fahrtrichtung auf der Gegenspur der Autobahn zum Liegen kam.

Die Autobahn an dieser Stelle macht eine sanfte Kurve. Sie hat kein Tempolimit. Der einzige Grund, warum kein Auto um diese Kurve geschossen kam und dann nicht mehr bremsen konnte und nicht in die Fahrerkabine meines Vaters knallte, ist, dass just an diesem einen Tag, just in diesem einen Moment die Bundeswehr einen Konvoi fuhr, der wegen schwerer Fahrzeuge nicht schneller als 120 Kilometer pro Stunde fahren konnte. Der Bremsweg der Militärfahrzeuge reichte durch dieses verlangsamte Tempo aus, und so konnte die Bundeswehr schnell die Autobahn sperren. Mein Vater kam schwer verletzt mit dem Leben davon.

Der Freund, mit dem ich mich unterhielt, hat eine andere emotionale Geschichte. Er stammt ursprünglich aus einem Land, das unter kommunistischer Diktatur gelitten hat. Ein System, in dem man nur durfte, was erlaubt war, und nicht nur das nicht, was verboten war. Ihm ist dementsprechend wirklich jede Regelung ein Graus, in der das Verbot nicht die Ausnahme von der Freiheit ist, sondern die Freiheit generell durch ein Limit begrenzt wird.

Wir hätten schnell aneinandergeraten können. Wir hätten uns beide mit unserer Geschichte vorwerfen können, dass der jeweils andere wahlweise ein Idiot, ein Ignorant oder amoralisch ist. Wir hätten beide wütend werden können und uns irgendwann anschweigen, wie es so oft heutzutage endet. Stattdessen hatten wir uns in diesem Gespräch getreu der These dieses Textes darauf verständigt, uns ganz nüchtern unsere echten Interessen vorzutragen und waren damit in der Lage, sie gegeneinander auszugleichen und eine systemische Lösung zu finden.

Genau deshalb brauchen wir in unserer Zivilgesellschaft wieder Foren und Orte, wo Interessen ehrlich auf den Tisch gelegt werden. Und sei es, dass jemand ganz schlicht sagt: »Ich will halt schnell fahren!« Auch das muss eine legitime Positionierung sein können. Genauso wie: »Ich kauf halt billig ein.« Denn nur, wenn das ehrliche Interesse formuliert wird, kann man eine Struktur erschaffen, die es zum Guten lenkt.

Nur leider ist unser gesellschaftlicher Diskurs so nicht mehr gestrickt. Wir schätzen jeden Windkraftgegner, der uns seine Sorge um die Fledermäuse vorlügt, mehr als den ehrlichen Raser, der zugibt, nur schnell fahren zu wollen. Über Letzten ergießt sich ein Gewitter aus moralischen Abwertungen und Anfeindungen. Wie konnte er es nur wagen, so deutlich auszusprechen, was sein ehrliches Interesse war. Wie kann er es wagen, seinen Egoismus nicht einmal hinter einer Hülle aus Zusammenhalt zu verstecken?

Weil aber das echte Interesse, der Spaß am schnellen Fahren oder der Unwille gegenüber allgemeinen Regeln oder das echte Interesse, die Sorge um den eigenen Grundstückswert vorzutragen, verpönt ist, deshalb, und nur deshalb, ist jeder Aushandlungsprozess in unserer Gesellschaft so schwierig geworden.

Die Windräder werden mit allen möglichen Tierschutzklagen ausgebremst, die Freunde des schnellen Autofahrens müssen jetzt erzählen, sie kämpften in Wirklichkeit nicht für ihr Fahrvergnügen, sondern für den Automobilstandort Deutschland. Was soll man da noch miteinander verhandeln? Wie soll so Zusammenhalt wachsen, wenn die Betonung des Zusammenhaltes schon erzwingt, dass man das eigene Bedürfnis hinter einer Blendwand versteckt?

Nun können wir allesamt nicht auf Anhieb die Art verändern, wie in unserer Gesellschaft diskutiert wird. Wir können kein schnelles Stoppsignal gegen all die aufgeregten Facebook-, Talkshow-, Twitter- und Bürgerversammlungsdiskussionen setzen. Sie sind, wie sie halt sind: moralüberladen.

Nein, auch hier hilft nur Arbeit am System. Nur wenn man viele zivilgesellschaftliche Formate erschafft, in denen Menschen lernen, sich ehrlich ihre Interessen vorzutragen und diese nicht sofort moralisch zu kategorisieren, dann verändert sich langsam die Diskussionskultur im Land. Genau deshalb lohnt es sich, als Bildungsträger oder als anderer gesellschaftlicher Akteur das eigene Programm dahingehend umzuarbeiten, mehr Räume ehrlichen Austauschs zu schaffen und nicht, wie so oft, die Sensibilität für moralische Befindlichkeiten zu stärken.

So wird die Zivilgesellschaft wieder stärker zu dem, was sie sein will: Kein Raum, wo man sich aus Sorge um gegenseitige Verletzungen anschweigt, sondern ein Diskursraum, wo widerstrebende Interessen offen ausgehandelt werden.

Parteien

Es reicht nicht aus, Akteure der Zivilgesellschaft für ein neues Gesellschaftsdesign zu gewinnen. Man braucht auch eine parlamentarische Kraft, die bereit ist, den Rahmen zu verändern und zu gestalten.

Wieder stellt sich hierbei nicht die Frage nach der Moral. Es hilft nichts, darauf zu bestehen und dafür zu werben, dass es richtiger wäre, das System so zu verändern, dass das Streben des Einzelnen gleichzeitig zum Wohl des anderen werden soll, wenn nicht auch die Antwort gegeben wird, warum dies dem egoistischen Zwecke einer politischen Bewegung dient.

Politische Parteien wollen Wahlen gewinnen. Sie brauchen Stimmen. Und wenn sich keine Stimmen mit einem Programm gewinnen lassen, ist es unattraktiv. Deshalb muss man den Beweis führen, dass eine politische Kraft, die sich dem Gedanken verschreibt, das System so umzugestalten, dass der Egoist in seinem Dienst an sich selbst auch allen anderen dient, Stimmen bringen kann.

Deshalb lassen Sie uns schauen, unter welchen Bedingungen politische Parteien heute Erfolg haben.

Oft ist die Rede davon, man brauche in der Politik eine Vision, wohin sich ein Land entwickeln will. Aber stimmt das auch? Nun, wenn man ehrlich ist, gibt es insgesamt von diesen Visionen recht wenige in der Politik, und realistische sind besonders rar.

Dieser Mangel an Visionen ist logisch. Lässt sich doch nicht so einfach eine ganze zukünftige Gesellschaft und Welt beschreiben, wenn heute schon so vieles unklar und ungeordnet ist.

Am Ende erschöpfen sich solche Zukunftsbilder oft in hohlen Phrasen. In Sätzen, von denen ein jeder weiß, dass sie so leicht nicht Realität werden: »Wir wollen das gute Leben für alle.« »Wir möchten eine Zukunft, in der jeder gleiche Chancen hat.« Das sind Formeln, auf die man sich immer einigen kann, die aber keinen Punkt wirklich präzise treffen.

Dennoch braucht es diese visionären Beschreibungen, und seien sie noch so unpräzise, weil sie durch ihre pure Existenz belegen sollen, dass eine Partei von mehr träumt als nur vom eigenen Wahlerfolg. Dass ihr Zweck über das schlichte Erringen einer Mehrheit und von Posten hinausgeht. Dass sie etwas will, das mehr ist als sie selbst.

Allein an der Notwendigkeit, diese nichtssagenden Visionen aufstellen zu müssen, lässt sich zeigen, dass wir als Wählerinnen und Wähler durchaus sensibel dafür sind, ob jemand sich nur um sich selber dreht oder auch um uns. Wir selbst als Egoisten erahnen, dass wir nur dann einen Vorteil mit unserer Wahl erzielen, wenn die Gewählten mehr als nur Egoisten sind.

Nur sind leider die vorgestellten Visionen einiger altbewährter Parteien seit geraumer Zeit so flach, so langweilig, so ambitionslos, dass sie nicht mehr dazu taugen, das egoistische Ziel der Stimmenmaximierung zu übertünchen. Also verlieren sie unser Vertrauen. Da hilft es auch nicht, wenn immer neue Zuschüsse, Steuererleichterungen und Sozialprogramme erfunden werden, um uns zu befrieden. Der fade Beigeschmack, es ginge am Ende in diesen dürftigen Visionen nicht um uns, sondern nur um die Partei, bleibt.

Lustigerweise enttarnen sich diese absurd schlecht verborgenen Egoismen von Parteien mittlerweile sogar in ihrer Sprache. Wenn allen Ernstes öffentlich von Zielgruppen einer bestimmten Politik gesprochen wird, dann ist doch klar, worum es geht. Wir sollen Käufer einer Partei werden und die Vision, die uns vorgestellt wird, ist weder Haltung noch Ziel, sondern schlicht eine Werbestrategie.

Diese unglaubwürdigen Zukunftsvisionen haben eines gemeinsam. Es sind Visionen ohne Gegner. Sie versuchen lediglich zu ergründen, was man für wen fördern könnte, ohne zu wissen, was man eigentlich besiegen will.

Dabei ergeben sich die stärksten Visionen hauptsächlich aus der Gegnerschaft.

Wer weiß, wogegen man antreten will, findet auch die Ansätze, um eine neue Zukunft glaubhaft zu beschreiben. Deshalb muss sich jede politische Richtung ihren Gegner suchen. Ein Grundübel, das die ganze Gesellschaft herausfordert und daher angegangen werden muss.

Für die Grünen, die gerade so viele Menschen überzeugen, ist dieses Grundübel leicht gefunden. Es sind die Umweltzerstörung und die patriarchale Gesellschaft. Aus dieser Bestimmung der Gegnerschaft, aus der Klarheit, wogegen man antritt, ergibt sich dann ein kraftvolles Programm. Man fordert Quoten und bringt Frauen an die Spitze, setzt auf erneuerbare Energien und kämpft um jeden einzelnen Baum.

Aus all diesen Forderungen, aus all diesen Ideen zur Bekämpfung des Grundübels ergibt sich in der Folge recht leicht ein Bild einer neuen Zukunft. Mit begrünten Dächern, Windrädern, einer Bundespräsidentin und Fahrrädern statt Autos auf den Straßen. Die Vision nimmt Form an.

Kraftvoll wird die Vision allerdings erst dann, wenn sich die Gegnerschaft, die ihr zugrunde liegt, in aktiven Straßenprotest verwandelt. Wenn der Alltag plötzlich geprägt ist vom Widerstand gegen und vom Zorn auf das Übel, gegen das die Partei sich mit Inhalten gerüstet hat.

Genau das passierte den Grünen durch die junge Schwedin Greta Thunberg. Die junge Frau, die mit ihrem Protest die Klimakatastrophe in den Mittelpunkt des öffentlichen Interesses rückte. Die junge Frau, die Hunderttausende anderer junger Menschen weltweit mobilisierte und auf die

Straße brachte. Eine Bewegung gegen das Übel, das den Grundkonflikt beschreibt, in dem die Grünen ihr Programm entwickeln.

Der Erfolg der Grünen seit Thunberg zeigt, dass es die Gleichzeitigkeit in der Politik braucht: eine Partei, die ihr Programm an einem Grundkonflikt orientiert und eine Bevölkerungsgruppe, die diesen Konflikt lautstark für wichtig erklärt.

Dieses Phänomen ist nicht nur bei den Grünen zu beobachten. Auch für andere Parteien am ganz anderen Ende des politischen Spektrums funktioniert dieser Mechanismus.

Die extreme Rechte in Deutschland hat als Grundübel der Gesellschaft die Migration definiert und entwickelt daraus ihr Programm. Hässliche Forderungen nach Abschiebungen, befestigten Grenzen und staatlich organisierter Diskriminierung. Auch sie formen das Bild einer zukünftigen Gesellschaft. Eine, vor der es mir graust.

Das politische Erweckungserlebnis dieser rechtsextremen Orientierung kam durch PEGIDA in Dresden: als sich auf der Straße eine große Gruppe von Menschen fand, die laut den Grundkonflikt der Rechtsextremen für relevant erklärte. Die Folge war der Einzug der neuen Rechten in den Bundestag.

Die Definition einer Gegnerschaft kann zum Guten und zum Schlechten genutzt werden. Dennoch bleibt diese Definition unerlässlich. Wer nicht weiß, wogegen man antritt, verliert auch alle Überzeugungskraft.

So geht es beispielsweise der Sozialdemokratie. Man weiß nicht mehr, wogegen sie sich stemmt, außer gegen ihren eigenen Untergang.

Dabei sollte doch gerade die SPD aus ihrer Geschichte wissen, wie wichtig es ist, einen Grundkonflikt zu haben.

Sie trat gegen die Verelendung der Masse an, die zusammengepfercht in Hinterhöfen leben musste, ungeschützt vor der Willkür der Reichen und Mächtigen und schlecht versorgt. Daraus ergab sich ein kraftvolles Programm. Man forderte mehr Lohn und Schutz bei Krankheit, bessere Wohnungen und Bildung für die eigenen Kinder. Die Vision nahm Form an.

Auf den Straßen protestierten ihre Anhänger, die soziale Frage wurde von Hunderttausenden für relevant erklärt. Eine so kraftvolle Bewegung, entstanden aus der Gegnerschaft gegen die Ungerechtigkeit. Sie brachte die Vision hervor, die heute längst zu unserem Leben geworden ist.

Eine soziale Demokratie, in der die meisten Menschen nicht im Elend leben, wo Kinder zur Schule gehen und fast alle krankenversichert sind. Das alles hat die SPD gebracht. Eine erreichte Vision, die nicht am Reißbrett für Visionen entworfen wurde, sondern sich aus einem Grundkonflikt ergab.

Mit der Verwirklichung dieser Vision ging der Sozialdemokratie ihr Feind verloren. Die Verelendung der Massen ist keine Realität mehr in unserem Land. Zumindest nicht so, wie damals, als sie der Gegner sozialdemokratischen Handelns war. Heute sind die Opfer des Elends ausländische Arbeitskräfte in Fleischereibetrieben, aber kaum noch hier wahlberechtigte Bevölkerung.

Weil ihr aber der große Gegner im Alltag fehlt, erscheinen ihr aktuelles Programm und ihre Initiativen wie Stückwerk. Unklar ist, auf welches Problem sich all ihr Tun bezieht. Man entlastet hier etwas und fordert dort etwas. Aber es entsteht kein Gesamtbild.

Es braucht also zweierlei für eine politische Partei: einen Grundkonflikt, der auch im Alltag auf der Straße zu finden ist, und ein visionäres Programm, das weiß, wie man darauf reagiert.

Wenn also der Gedanke, dass man mit dem Streben nach dem eigenen Wohl keinem anderen Schaden will, überzeugen soll, dann muss er beides erfüllen: Er muss gesellschaftliche Relevanz haben und politisch zu lösen sein.

Genau das ist beim grassierenden Egoismus der Fall. Denken Sie nur an den Anfang dieses Buches zurück: Autos, die direkt vor ihrer Garageneinfahrt parken oder einen Fahrradweg blockieren.

Menschen, die kerngesund sind und sich weigern, sich impfen zu lassen, weil für sie selbst ein minimales Restrisiko besteht, obschon sie selbst und alle anderen am besten geschützt wären, wenn sich jeder gesunde Mensch impfen lassen würde.

Väter, die keinen Unterhalt bezahlen, obwohl sie schon die Mammutaufgabe der Kindererziehung nicht übernehmen.

Leute, die ihren Müll einfach in die Hecke werfen oder ihren alten Kühlschrank im Wald entsorgen.

Sie selbst und alle, die Sie kennen, können im Handumdrehen weitere Beispiele anfügen. Als ich neulich im Internet um Beispiele für Alltagsegoismus bat, regnete es Antwortkommentare. Hunderte binnen Minuten, weil uns der Egoismus im Alltag wütend macht und es uns beschämt, dass wir selbst nicht besser sind.

Die spannendste Antwort dieser Umfrage habe ich Ihnen bis jetzt vorenthalten. Sie stammt von einer jungen Mutter, und sie schrieb auf die Frage, welcher Alltagsegoismus sie wütend mache: »Wenn ich für meine Kinder etwas zu essen dabei habe (z. B. auf dem Spielplatz) und ein anderes Kind Hunger hat und ich dann nicht auf die Idee komme, dem

Kind (natürlich nach Rückfragen an die Eltern) etwas abzugeben!«

Ihre Antwort auf die Frage, welcher Egoismus sie am meisten störe: »Mein eigener!«

Ja, auch wir verletzten uns selbst durch unseren Egoismus. Wir begehen mit ihm nicht nur einen Schaden am Gegenüber, sondern auch an uns selbst.

Deshalb möchte ich Egoist sein können, ohne anderen schaden zu müssen. Ich will dem Zwang entkommen, anderen zu schaden, und es fehlt die politische Partei, die sich diesem Grundübel entgegenstellt. Es fehlt die politische Partei, die ausspricht, was ich so tief in mir als Wunsch verspüre:

»Wir treten dem Egoismus entgegen! Wir sorgen dafür, dass man einander nicht mehr schaden muss, wenn man den eigenen Zielen dient.«

Eine Forderung, die sich politisieren lässt in kurzen wie in langen Botschaften:

»Schluss mit dem Egoismus!«

»Wer mit anderen zusammenarbeitet, soll mehr profitieren als derjenige, der nur den eigenen Vorteil sucht.«

»Was auch immer Sie kaufen, sie sollen sicher sein können, dass keine Sklavenarbeit darin steckt.«

»Eine Krankenversicherung, bei der kein Egoist für weniger Beitrag mehr Leistung bekommt.«

Ein ganzes Programm, eine ganze Politik, die sich aus einer Gegnerschaft entwickelt. Ein Kampf gegen das Prinzip, dass der eigene Vorteil nur zum Schaden der anderen zu finden ist.

Eine Partei, die sich dem Systemdesign verschreibt. Die Lust verspürt, jeden Prozess zu betrachten und zu durchleuchten, um ihn in meinem Sinne neu zu gestalten.

Eine Politik, die alle, die in Unternehmen arbeiten, zu den Beteiligten der Gewinne macht, ohne sich Verstaatlichungsfantasien hinzugeben.

Eine Kraft, die unseren Egoismus als Urtrieb anerkennt und dennoch antritt, ihn in eine gute Richtung zu lenken. Kein Traum vom neuen Menschen, sondern ein Umgang mit dem Menschen, wie er ist. Ein System, in dem mein Egoismus anderen dient.

Ein Gegner. Ein Programm. Eine Vision.